Propriété des Editeurs.

Translation des Cendres de St Augustin, Evéque

L'ALGÉRIE MODERNE,

PAR M. ROY.

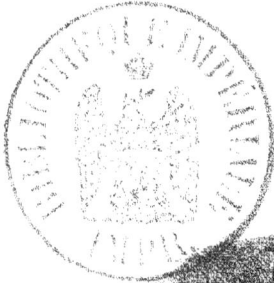

DÉFENSE DE MAZAGRAN

LIBRAIRIE DES BONS LIVRES.

LIMOGES

CHEZ MARTIAL ARDANT FRÈRES,

Rue des Taules

PARIS

CHEZ MARTIAL ARDANT FRÈRES,

Quai des Augustins, 25.

L'ALGÉRIE

MODERNE.

—

DESCRIPTION

DES POSSESSIONS FRANÇAISES

DANS LE NORD DE L'AFRIQUE.

Détails sur les Expéditions militaires qui ont eu lieu jusqu'au
retour du Christianisme, &c., &c.

PAR M. ROY.

LIBRAIRIE DES BONS LIVRES.

LIMOGES	PARIS
CHEZ MARTIAL ARDANT FRERES,	CHEZ MARTIAL ARDANT FRÈRES
rue des Taules.	quai des Augustins, 25.

1855

A MONSEIGNEUR DONNET,

Archevêque de Bordeaux, Primat d'Aquitaine.

Monseigneur ,

Quand l'Eglise de Bordeaux, comme vous l'avez dit vous-même , a donné à l'Afrique un de ses plus nobles enfants ; quand, sur l'invitation si pressante du prélat dont vous aviez été le consécrateur , vous êtes allé présider au glorieux retour des restes sacrés du grand Augustin dans son Hippone chérie ; quand vous avez visité cette terre d'où la croix avait été si longtemps exilée , et où vous l'avez vue se relever triomphante, votre cœur a été touché d'une vive sympathie pour un pays jadis l'honneur et la joie de l'Eglise catholique, et devenu plus tard pour elle un objet de douleur et de regrets.

Maintenant rien de ce qui regarde l'Algérie et son Eglise naissante ne saurait vous être indifférent. C'est dans cette persuasion que j'ai pris la liberté de vous offrir l'hommage d'un livre où j'ai tâché de recueillir les faits les plus intéressants de l'histoire religieuse, civile et politique de l'Afrique française ; j'ose espérer que, malgré son imperfection, le sujet qu'il traite lui fera obtenir de vous un favorable accueil.

Daignez agréer les sentiments de respect et de vénération avec lesquels j'ai l'honneur d'être,

Monseigneur,

DE VOTRE GRANDEUR,

Le très humble et obéissant serviteur,

ROY.

L'ALGÉRIE MODERNE.

CHAPITRE PREMIER.

Description géographique et topographique de l'Algérie. — Climat.
— Productions du sol. — Animaux sauvages et domestiques. — Vil-
les principales de l'Algérie. — Alger et ses environs. — Blidah. —
Koléah. — Cherschell. — Médéah. — Milianah. — Oran. — Tlemcen.
— Mostaganem. — Constantine. — Bône. — Bougie. — Philippeville.
— Collo. — Sétif. — Division ancienne et nouvelle de l'Algérie. —
Population de l'Algérie. — Les Berbères ou Kabyles. — Les Maures.
— Les Arabes. — Les Juifs. — Les Turcs. — Les Kouloughis. —
Les Nègres.

DESCRIPTION GÉOGRAPHIQUE ET TOPOGRAPHIQUE.

L'ALGÉRIE, connue autrefois sous le nom de régence
d'Alger (1), s'étend de l'est à l'ouest, sur la côte septentrionale de l'Afrique. Ce pays, qui formait la plus puissante des
régences Barbaresques, a pour limites, au nord, la mer
Méditerranée ; au sud, le Sahara ou grand désert ; à l'ouest,

(1) Dans les premières années qui suivirent la conquête des Français,
ce nom ne fut pas changé. En 1834, une ordonnance royale du 22
juillet, ayant pour objet de régler la haute administration de ce pays,
lui donna le nom de *Possessions françaises dans le nord de l'Afrique.*
Mais cette appellation beaucoup trop longue a été remplacée par le
mot plus simple d'Algérie. Cette nouvelle dénomination, employée
pour la première fois par M. le comte de Beaumont-Brivasac, dans un
écrit publié en 1834, sous ce titre : *De l'Algérie et de sa colonisation,*

l'empire de Maroc; et à l'est, le territoire de Tunis. Sa longueur de l'est à l'ouest est d'environ neuf cents kilomètres, sur deux cents à deux cent cinquante de largeur, du nord au sud (1).

L'Algérie est traversée dans le sens de sa longueur, c'est-à-dire de l'est à l'ouest, par le mont Atlas. Entre la ligne de faîte de cette chaîne et la mer, on distingue plusieurs chaînes parallèles à la chaîne principale, et dont la hauteur diminue à mesure que l'on s'éloigne du centre du continent; elles forment des plateaux successifs qui s'abaissent comme des gradins les uns au-dessous des autres. La première ligne de ces montagnes intermédiaires et la plus rapprochée de la mer, communément nommée le *Petit-Atlas*, longe la Méditerranée et vient se terminer sur la côte à l'ouest de Bône.

Celle-ci pousse même plusieurs rameaux qui s'étendent jusqu'au bord de la mer où ils forment des caps que le navigateur découvre à une grande distance, et qui le guident dans sa course. Les montagnes les moins élevées sont généralement couvertes d'une riche végétation, presque jusqu'à leur sommet; les plus hautes, parmi lesquelles on distingue le Jurjura, ont leur sommet couvert de neige pendant la plus grande partie de l'année.

Entre les ramifications de ces chaînes se trouvent comprises de grandes vallées et des plaines étendues, arrosées par des fleuves, des rivières et des ruisseaux auxquels est due toute leur fertilité.

Les plaines les plus remarquables sont celle de Constantine, à vingt lieues dans l'intérieur des terres; celle de la Métidjah, comprise entre le littoral d'Alger et le petit Atlas; une troi-

est devenue officielle depuis que le roi en a fait usage dans le discours d'ouverture des Chambres, le 18 décembre 1837. Dès lors tous les actes du gouvernement n'ont plus employé d'autre nom pour désigner l'ancienne régence d'Alger.

(†) Nous prévenons nos lecteurs que nous suivrons pour l'orthographe des noms Arabes celle qui est employée dans les documents officiels publiés par le gouvernement, et imprimés à l'imprimerie royale.

sième qui commence un peu à l'ouest de la Métidjah et qui s'étend jusqu'à Mostaganem ; enfin la grande plaine d'Oran à Tlemcen , renfermée entre le petit Atlas et la côte (1).

Les rivières principales , car aucune ne mérite le nom de fleuve, à l'exception du Chélif, sont : le Chélif, qui prend sa source sur le versant nord du grand Atlas , et a son embouchure dans la mer près de Mostaganem ; son cours est de 80 à 100 lieues. L'Oued-Jer , qui traverse la partie occidentale de la Métidjah ; l'Isser , qui limite cette plaine à l'est ; le Rummel qui coule sous les murs de Constantine , et prend le nom d'Oued-el-Kébir , avant de se jeter à la mer ; la Seybouse , dont le cours est de quarante lieues , a son embouchure près de Bône. D'autres cours d'eau, tels que l'Arrach, l'Afroun, le Boufarik , le Chiffa , l'Hamise , le Muzafran , etc. , sont plutôt des ruisseaux que des rivières. Cependant l'Afroun a un lit très profond , et dans certaines saisons sa largeur est de plus de cent mètres.

CLIMAT.

Le climat de l'Algérie est en général assez tempéré, quoique la température y soit plus élevée que sur aucun point de la côte méridionale de l'Europe ; la hauteur moyenne du thermomètre est de 18 degrés centigrades ; dans les plus grandes chaleurs de l'été il ne dépasse pas 34 degrés , excepté quand le vent du sud règne, où il monte jusqu'à 38 degrés ; alors la chaleur est insupportable et on a de la peine à respirer. En hiver , le froid n'est jamais rigoureux dans les plaines et sur les collines situées au sud du petit Atlas ; rarement le thermomètre descend à 1 ou 2 degrés au-dessous de 0.

L'hiver , ou la saison des pluies , commence vers le milieu de novembre et dure jusqu'aux premiers jours de janvier, non sans qu'il y ait encore de temps en temps quelques beaux jours. Avant le 15 de ce mois, la verdure, qui n'a disparu que vers

(1) Voyage dans la régence d'Alger, par M. Rozet, capitaine du génie au corps royal d'état-major.

le milieu de décembre, renaît, les arbres et les buissons se couvrent de feuilles et de fleurs qui embaument l'air.

Les moissons mûrissent dès le mois de juin, les raisins parviennent à leur maturité en juillet. Au mois d'août la chaleur atteint son maximum. Les herbes brûlées ont disparu presque partout ; les endroits marécageux exhalent des odeurs méphitiques très pernicieuses pour les habitants des contrées voisines. C'est alors que se fait sentir le terrible semoum ou vent du désert. Dans les vastes plaines sablonneuses du Sahara, le semoum est souvent mortel pour les hommes et les animaux ; il est moins redoutable en Algérie, parce qu'en franchissant l'Atlas il a perdu une partie de sa force et de sa chaleur suffoquante ; cependant il y est encore insupportable non-seulement aux Européens non encore acclimatés, mais même aux indigènes et aux animaux. Ce vent s'annonce sur le littoral d'Alger par des brumes rousses qui couvrent toute la chaîne de l'Atlas ; le thermomètre monte subitement de huit à dix degrés. Les Maures s'enferment chez eux, les Arabes abandonnent leurs tentes pour se réfugier dans les buissons et sous les arbres. Bientôt le semoum commence à souffler ; chaque coup de vent est une bouffée de chaleur assez semblable à celles qui sortent d'un four allumé. La respiration devient extrêmement difficile, on éprouve des maux de tête et des lassitudes dans tous les membres ; enfin, au bout de quelques heures, on est comme anéanti.

Les orages sont plus rares sur la côte septentrionale de l'Afrique que dans nos contrées, mais ils éclatent avec une violence extraordinaire : des éclairs éblouissants sillonnent l'atmosphère dans tous les sens, la foudre gronde avec un fracas épouvantable, des torrents de pluie inondent la terre, ravagent les champs, noient les animaux ; quelques heures après, l'ardeur du soleil a entièrement enlevé l'humidité, et il ne reste d'autres traces de la catastrophe que les couches de sables et de graviers transportées sur le sol des plaines et dans le fond des vallées ; des arbres renversés, des cadavres d'animaux, etc.

L'air est extrêmement sain dans toute l'Algérie ; l'atmosphère est pure , les brouillards sont rares, et la brume légère qui se montre presque toujours avec le soleil disparaît peu de temps après. Les fièvres endémiques qui règnent quelquefois pendant les grandes chaleurs, sont dues, dans diverses localités , aux miasmes qui s'exhalent des endroits marécageux du voisinage ; à quoi il faut ajouter encore, dans les villes, la proximité des cimetières, et la construction des rues étroites, sales, tortueuses, et toujours remplies d'immondices. L'administration française travaille avec activité à faire disparaître ces causes d'insalubrité, et quand elle y sera parvenue , il n'est pas douteux que les villes et les villages de l'Algérie pourront être habités par les Européens avec autant de sécurité que les villes et les villages de France , placés dans les meilleures conditions sous le rapport de la salubrité.

PRODUCTIONS DU SOL.

La végétation a une très grande vivacité dans presque toute l'Algérie , surtout dans les plaines situées immédiatement au pied des montagnes et dans le fond des vallées , où de petits ruisseaux et des sources abondantes viennent ajouter leur influence bienfaisante à celle d'une température chaude , sans être trop élevée. Dans les parties cultivées , on voit des vignes, des vergers et des jardins remplis de plantes et d'arbres magnifiques ; là où le terrain est inculte , il est couvert de fortes broussailles au milieu desquelles on distingue des myrtes, des grenadiers , des orangers , bien plus beaux que ceux que nous cultivons avec tant de soins dans nos jardins d'Europe.

A la fin de l'hiver la surface des plaines et les flancs des montagnes , dépourvus de broussailles , et qui n'ont point été ensemencés , se couvrent d'herbe qui s'élève jusqu'à un mètre et demi de hauteur , et qui , étant fauchée , donne un excellent foin. Le sainfoin , le trèfle , la luzerne y viennent naturellement et atteignent des proportions vraiment extraordinaires.

Les plantes et les arbres qui croissent entre le petit Atlas et la mer sont les mêmes que sur tout le littoral de la Méditer-

ranée. La végétation du petit Atlas et des plaines qui le sépa-
rent du grand Atlas est à peu près la même que celle de notre
Provence ; les bois sont peuplés de chênes verts, de liéges et
de quelques pins ; les broussailles se composent de lentisques,
d'arbousiers, de genêts épineux, etc. La vigne croît partout
jusqu'à mille mètres d'élévation au-dessus de la mer, et même
jusqu'à mille cent cinq sur le versant sud du petit Atlas.
Cette plante est partout d'une très belle venue, et donne une
grande quantité de raisins excellents.

L'olivier croît très bien dans toutes les contrées du territoire
algérien ; on en trouve de belles forêts dans l'intérieur des
plaines et sur les flancs des montagnes. Les arbres sont aussi
gros que nos chênes ordinaires ; mais comme ils ne sont pas
greffés, ils ne donnent que de très petites olives que les habitants ne récoltent point, et qui deviennent la pâture des oiseaux.
Dans les pays où l'olivier est cultivé, il produit de très beaux
fruits dont les indigènes ne tirent qu'une mauvaise huile,
parce qu'ils ne savent pas la fabriquer (1).

Avant l'arrivée des Français, on n'élevait point de vers à
soie dans l'Algérie, et par conséquent le mûrier n'y était point
cultivé, quoique cet arbre y croisse spontanément, et avec une
rare facilité dans tous les terrains, et à toutes les expositions.
Il n'a point à craindre les froids qui en détruisent tant en Europe. Il y végète avec une vigueur tellement rapide, notamment dans les plaines, qu'il donne des feuilles en abondance
deux ou trois ans après sa transplantation.

Des soies ont été déjà obtenues par des colons français, et
les expériences auxquelles elles ont été soumises en France
leur ont été très favorables. Ainsi la soie est appelée à figurer
au premier rang des produits que l'industrie européenne fera
donner à l'Algérie. « Il n'est pas douteux, dit un agronome
distingué (M. C. Beauvais, directeur des bergeries de Sénars),
que l'introduction du mûrier dans la plus grande partie de nos
possessions d'Afrique ne puisse avoir d'immenses résultats,
et ne soit une véritable conquête pour ces contrées. La beauté

(1) M. Rozet.

du climat, la nature féconde du sol, la variété des expositions, le bas prix de la main-d'œuvre, tout y favorisera l'extension de cette industrie ; et si la guerre vient à cesser complétement et que nous puissions espérer d'y fonder des établissements durables, la production de la soie peut devenir en quelques années la plus riche branche de l'agriculture et du commerce de notre colonie. »

L'Algérie est propre aussi à la culture du cotonnier ; il y existe à l'état sauvage et en arbrisseau dans diverses localités, notamment dans les environs de Mostaganem et sur quelques points de la province de Constantine. Divers essais entrepris depuis quelques années, soit par des particuliers, soit dans les pépinières et jardins d'essais du gouvernement, ont bien fait augurer des heureux résultats qui attendent une culture étendue.

Le plus bel arbre de l'Algérie, celui qui donne les meilleurs fruits et en plus grande quantité est l'oranger ; il croît naturellement sur les collines du littoral, dans les plaines et le fond des vallées du petit Atlas ; sa taille est aussi élevée que celle de l'olivier, mais son branchage en forme de boule est un peu moins étendu. On le cultive dans les jardins et aussi dans de superbes vergers qui entourent souvent les villes et les villages.

Le dattier, le figuier de Barbarie (*cactus opuntia*), le jujubier, l'arbousier, produisent abondamment d'excellents fruits.

Le blé et l'orge sont les céréales cultivées le plus communément par les Maures, les Arabes et les Berbères. Le riz est aussi cultivé dans plusieurs plaines traversées par de petits ruisseaux, dont on se sert avec beaucoup d'art pour arroser les rizières.

ANIMAUX SAUVAGES ET DOMESTIQUES.

Les lions, les tigres, et les autres grands animaux sauvages, si communs dans l'intérieur de l'Afrique, se trouvent déjà dans l'Algérie ; mais ils ne sont ni plus nombreux, ni plus redoutables que les loups dans nos contrées.

Tous les animaux domestiques de l'Europe se retrouvent en

Barbarie : le cheval, l'âne, le mulet, le bœuf, la vache, la chèvre, le mouton, etc. Mais il en existe un que Dieu a donné aux habitants des pays chauds pour les transporter, eux, leurs bagages et des provisions pour plusieurs jours, à travers des déserts de sables brûlants : c'est le chameau, le compagnon fidèle de l'Arabe, dont il porte sur le dos la famille et la maison de contrées en contrées. Cet animal supporte la fatigue avec une constance à toute épreuve ; il peut rester plusieurs jours sans boire ; un peu d'herbe qu'il broute dans la campagne, une poignée d'orge ou de fèves suffisent à sa nourriture. Il marche très vite et peut faire quinze à dix-huit lieues par jour, sans boire ni manger, avec une charge de 3 ou 400 kilogrammes.

Les Algériens élèvent une grande quantité de poules et quelques pintades. On trouve dans toutes les villes un grand nombre de pigeons auxquels les habitants rendent une espèce de culte. Ils ont aussi une grande vénération pour les cigognes. Le gibier est très commun, surtout les lièvres et les perdrix. Les plaines humides sont habitées par une grande quantité d'oiseaux d'eau (courlis, pluviers, vanneaux, bécassines, canards, cigognes, hérons, etc.). On trouve dans la Métidjah une jolie petite espèce de hérons blancs, dont les bandes suivent les troupeaux pendant l'hiver.

VILLES PRINCIPALES DE L'ALGÉRIE.

ALGER ET SES ENVIRONS. Alger, en arabe Al-Djézaïr (les îles) (1), est située à 36° 47' de latitude nord, et à 0° 42' de longitude est du méridien de Paris. Elle s'élève en amphithéâtre au fond d'une rade fortifiée, mais peu sûre lorsque les vents soufflent du nord et du nord-ouest. Le sommet de la colline à laquelle cette ville est adossée atteint la hauteur de 124 mètres au-dessus du niveau de la mer. Sa forme est celle d'un triangle dont la base est sur la côte, et le sommet sur celui de la

---

(1) Ce nom lui vient d'une petite île placée à quelque distance du rivage, et qui a été réunie au continent par Barberousse, comme nous le verrons dans la partie historique.

colline : c'est là que s'élève la citadelle appelée Kasbah, qui servait de résidence au dey. Les maisons d'Alger n'ont point de toits : elles sont terminées par des terrasses comme dans tout l'Orient. Ces maisons, ainsi que les forts et tous les édifices publics, sont blanchies à la chaux, en sorte qu'à une certaine distance en mer, Alger ressemble à une vaste carrière de craie ouverte sur le penchant d'une montagne.

Cette ville est entourée d'un fossé sec et d'une muraille crénelée, qui suffisaient pour la défendre contre les attaques des Arabes et des Berbères. Du côté de la mer, il y a un grand nombre de forts et de batteries qui en rendaient l'approche presque impossible ; quatre portes donnent entrée dans Alger. Au premier aspect de l'intérieur de cette ville, ce ne sont que rues étroites et tortueuses, maisons bizarrement construites, plus bizarrement ornées, se pressant les unes contre les autres avec confusion, et dont les toits sont si rapprochés qu'elles empêchent le soleil d'arriver jusqu'à elles, et qu'il serait possible, au moyen de ces terrasses plates, d'établir une communication entre les différents quartiers. Ces maisons ne sont éclairées que par de petites fenêtres très rares et soigneusement grillées ; les portes sont basses, grossièrement taillées ; quelques-unes cependant offrent d'assez agréables sculptures : mais, par une singulière bizarrerie, ces portes ne s'offrent point au premier regard, et il faut en quelque sorte les chercher, comme si la main de l'architecte avait pris soin d'en dérober la vue (1).

Depuis l'occupation française, l'aspect d'Alger a bien changé. un plan général d'alignement a été adopté. Des voies nouvelles plus grandes et plus spacieuses que celles qui existaient ont été créées. La ville basse a été reconstruite pour ainsi dire à neuf. Une nouvelle ville s'élève avec une rapidité incroyable dans l'ancien faubourg Babazoun, et l'administration, pour développer et favoriser ce mouvement, ouvre les rues projetées, les nivelle, et établit des fontaines et abreuvoirs. En 1841, les dépenses des constructions particulières, sur ces deux points

(1) Histoire de l'Algérie, par le baron de Vinchon.

seulement, et sans compter les travaux du gouvernement, se sont élevées à plus de trois millions. Dans la même année, de grandes constructions ont été terminées ou entreprises aux frais de l'État. Il faut placer en première ligne l'hôpital civil qui peut contenir 350 malades, et plusieurs fontaines, entre autres celle de la place de Chartres, remarquable comme objet d'art et d'utilité publique.

Les travaux de la cathédrale d'Alger, commencés en 1840, se continuent chaque année avec activité; enfin tout annonce que, dans quelques années, cette ville sera comparable à bien des cités renommées d'Europe.

Le *fort de la marine* forme un fer à cheval, réuni à la ville par un superbe môle en pierre, dont l'intérieur contient de vastes magasins. Au milieu du fer à cheval s'élève un phare, et sa branche droite forme en se recourbant le port d'Alger. Ce port, qui offrait peu de sécurité aux navires, et trop peu de profondeur pour recevoir les vaisseaux de guerre, est en ce moment l'objet de travaux immenses pour remédier à ce double inconvénient.

Alger est bâti sur un massif de collines qui s'étend fort loin à l'est, à l'ouest, et à trois lieues au sud, jusqu'à la Métidjah. La partie la plus voisine de la ville se nomme le *Massif-d'Alger.* C'est là que s'élevaient, au milieu de jardins et de vergers magnifiques, plus de mille maisons de campagne, construites dans le style oriental; malheureusement une partie a été détruite pendant le siège et dans les premiers temps de l'occupation. Aujourd'hui les traces de la guerre s'effacent de jour en jour; le massif prend un aspect nouveau, et des routes le sillonnent dans tous les sens pour conduire d'Alger aux principaux établissements que nous avons formés.

Plus loin s'étend un plateau très accidenté et coupé par de nombreux ravins. Cette partie du massif prend le nom de *Sahel.*

Au pied des hauteurs du Sahel commence et se continue, jusqu'au petit Atlas, la plaine de la Métidjah, de 64 à 72 kilomètres de long sur 24 à 28 de large. Elle est traversée par plusieurs rivières, l'Oued-Jer, l'Arrach, le Hamire, etc., et un grand nombre de ruisseaux. Quelques portions de cette plaine sont marécageuses et inhabitables ; mais la plus grande partie de la surface du sol est très saine et susceptible d'une grande fertilité. D'immenses travaux de défrichement ont été entrepris par l'administration française, et se continuent autant que les circonstances le permettent.

BLIDAH. Cette ville est située sur le bord de la Métidjah, au pied du petit Atlas, à huit lieues sud-ouest d'Alger. L'armée française a pris possession du territoire de Blidah, le 3 mai 1838. Un camp, dit *Camp-Supérieur*, a été d'abord établi entre cette ville et la Chiffa, sur une position qui domine la plaine de la Métidjah. Ce camp découvre au loin le pays des Hadjouths, et de tous les points du terrain qu'il embrasse on aperçoit la position de Koléah, avec laquelle il a été mis en communication, au moyen d'une route et d'une ligne télégraphique. Un second camp, dit *Camp-Inférieur*, a été établi dans une position intermédiaire, à l'est de la ville. Blidah était alors interdite aux Européens ; mais à la reprise des hostilités, en 1839, elle fut définitivement occupée. Elle est située à l'entrée d'une vallée très profonde ; des eaux abondantes y alimentent de nombreuses fontaines, et arrosent les jardins et les bosquets d'orangers qui l'environnent de tous côtés. La ville est assez régulièrement percée, et ses rues sont moins étroites que celles d'Alger. Un tremblement de terre renversa, le 2 mars 1825, une grande partie des édifices les plus élevés ; aussi les maisons construites depuis ce désastre n'ont-elles plus en général qu'un rez-de-chaussée. La position assez saine de Blidah, à 100 mètres au-dessus du Mazafran, à 185 mètres au-dessus du niveau de la mer, fait de cette ville le poste principal qui devra surveiller la plaine, maintenir les tribus voisines, et servir d'entrepôt d'approvisionnements pour les colonnes chargées d'opérer sur Médéah et Milianah.

KOLÉAH. Au nord et en face de Blidah, de l'autre côté de la plaine, on aperçoit Koléah, bâtie dans un petit vallon des collines du littoral, exposé au sud et abrité des vents du nord et de l'ouest. Le tremblement de terre de 1825 a aussi détruit une partie de cette ville, et ses ravages n'étaient point encore réparés en 1831. Elle a été occupée par les troupes françaises, le 29 mars 1838. On y a établi un camp pour observer les débouchés des sentiers au sortir de la plaine, et surveiller le rivage de la mer. Des sources abondantes et pures arrosent de toutes parts le petit vallon de Koléah ; les eaux sont distribuées avec art pour arroser de magnifiques vergers d'orangers, de citronniers et de grenadiers.

CHERSCHELL. Cette ville est l'ancienne *Julia Cæsarea* des Romains. Elle est située à 72 kilomètres ouest d'Alger ; elle n'occupe aujourd'hui qu'une très petite partie de son ancienne enceinte. C'est la ville maritime la plus importante de l'ancienne Mauritanie. L'armée française en a pris possession le 16 mars 1840 ; elle avait été abandonnée par tous ses habitants.

MÉDÉAH, capitale de la province de Tittery, est située entre les deux Atlas, à 22 lieues sud-ouest d'Alger ; elle est bâtie sur une petite colline escarpée à l'ouest, et penchant légèrement vers l'Orient. L'aspect de Médéah diffère complétement de celui des villes de la côte ; les maisons sont couvertes en tuiles creuses, et ne sont point blanchies à la chaux. On croirait voir une ville des montagnes de la Bourgogne. Ce qui contribue à faire naître cette illusion, c'est la végétation de ses environs ; aux agraves, aux cactus, aux orangers et aux grenadiers, ont succédé des pièces de vignes, des champs cultivés, entourés de baies d'épines, et dans lesquels sont plantés des pommiers, des poiriers, des pruniers, etc. Ce changement dans la végétation est dû à la situation de Médéah, élevée d'environ 1,100 mètres au-dessus du niveau de la mer. Les chaleurs de l'été y sont très vives, mais le froid de l'hiver y est souvent très rigoureux.

Un bel aqueduc à deux rangs d'arcades, et sous lequel on passe en venant d'Alger, conduit dans la ville une eau excellente qui alimente ses nombreuses fontaines. Les rues de Médéah sont assez bien percées, et de chaque côté règnent de petits trottoirs. Cette ville renferme quatre mosquées ; la plus belle, nommée mosquée d'Ahmar, a été transformée en église catholique, le 5 février 1843. (Nous nous occuperons plus loin des détails de cette cérémonie.)

Tous les environs de Médéah sont habités par des tribus Berbères extrêmement cruelles, contre lesquelles cette ville a souvent été obligée de se défendre. On voit encore sur le territoire de ces tribus les restes des forts que les Romains avaient construits pour maintenir les Numides, lorsque ces maîtres du monde tentèrent de s'établir entre les deux Atlas.

Médéah a été occupée quatre fois par les troupes françaises : le 22 novembre 1830, par le général Clausel; le 29 juin 1831, par le général Berthezène ; le 4 avril 1836, par le général Desmichel, sous les ordres du maréchal Clausel; enfin, et d'une manière définitive, le 17 mai 1840, par le maréchal Valée. Tous les habitants l'avaient évacuée.

MILIANAH, petite ville située à 108 kilomètres d'Alger, sur le versant méridional du Zaccar, montagne de l'Atlas à 900 mètres au-dessus du niveau de la mer ; elle a été occupée, le 8 juin 1840, par l'armée française, qui la trouva livrée aux flammes, et abandonnée par ses habitants. Cette ville, par sa position, est la clef de l'intérieur des terres, et ouvre l'accès des riches plaines et des fécondes vallées situées entre le Chélif et le Mazafran. Sous la domination romaine, Milianah, l'antique *Miniana*, par sa position centrale au milieu d'une riche contrée, devint un foyer de civilisation, une florissante cité, résidence d'une foule de familles de Rome. On y retrouve encore aujourd'hui des traces non équivoques de la domination romaine, un grand nombre de blocs en marbre grisâtre couverts d'inscriptions, et quelques-uns de figures ou de symboles.

ORAN. Cette ville, éloignée d'Alger de 80 à 90 lieues, est située dans le fond d'une baie, à 35° 44' de latitude nord, et à 3° 2' de longitude ouest du méridien de Paris. Elle occupe deux petits plateaux allongés, séparés par un ravin très profond, dans lequel coule une rivière assez forte pour faire tourner plusieurs moulins, donner de l'eau à la ville, et arroser ses jardins. Construite par les Maures chassés de l'Espagne, prise par les Espagnols en 1509, reprise par les Maures en 1708, elle retomba, en 1732, au pouvoir de l'Espagne, qui la céda au dey d'Alger en 1791, après qu'elle eut été ruinée par le tremblement de terre de l'année précédente. Mais les fortifications construites par les Espagnols sont si solides qu'elles sont restées debout, quoiqu'elles n'aient pas été entretenues par le gouvernement algérien. Ces immenses remparts, ces chemins couverts, ces galeries de mines, tout ce luxe de travaux qu'on admire encore, ont dû exiger des dépenses énormes. Il serait facile d'en faire un second Gibraltar.

Il n'y a point de port à Oran; la baie au fond de laquelle cette ville est située est ouverte à tous les vents, et offre peu de profondeur, même aux bâtiments du commerce qui voudraient y mouiller. Mais à une demie-lieue au nord-ouest de cette ville il existe une superbe rade, assez profonde pour recevoir les bâtiments de guerre, et où une flotte de cent vaisseaux peut braver les plus fortes tempêtes. Cette rade, appelée Mers-el-Kébir (le grand port), est défendue par plusieurs forts construits en pierre de taille, dont le plus considérable, situé sur un cap à l'extrémité nord, renferme des logements et des magasins pour une garnison de 1,600 hommes.

TLEMSEN, située à l'ouest, près de la frontière, et à égale distance à peu près de la Méditerranée et du Sahara, était autrefois la capitale du royaume de ce nom, et une ville très considérable. Depuis l'établissement de la domination turque dans ce pays, Tlemsen, malgré les avantages de sa position, était tombée dans un état complet de décadence.

MOSTAGANEM, à quelques milles d'Oran, était une ville très importante pour les Maures, lorsque les Espagnols étaient maîtres d'Oran; mais elle perdit tous ses avantages quand cette dernière ville revint à la régence.

CONSTANTINE, capitale de la province orientale de l'Algérie, est l'ancienne Cirtha qui fut la patrie de Jugurtha et de Massinissa. Cette ville est située sur le Rummel (l'Ampsaga des anciens), à 40 milles environs de la mer, au 36° 20' de latitude nord, et au 6° 30' de longitude est du méridien de Paris. Elle a été prise d'assaut par les Français, le 13 octobre 1837. (Voir les détails à la partie historique).

BONE. (36° 43' de latitude nord, et 8' de longitude est). Cette ville est construite sur le bord de la mer, au pied d'un mamelon, sur lequel s'élève la citadelle (Kasbah), forteresse vaste et bien construite. Bône est l'ancienne *Hippo Regius* des Romains; elle est située dans une baie terminée par le cap de la Garde et le cap Rosa. Trois rivières se jettent dans cette baie : la Seybouse, la Seïbose et la Saba. Près des bords de la Seybouse, au sud-ouest de la ville, s'élève un monticule sur lequel on voit encore les ruines du couvent de saint Augustin. Au mois d'octobre 1842, ces lieux ont été témoins d'une touchante et magnifique cérémonie. C'était le retour des reliques du saint docteur dans sa patrie, après un exil de quatorze siècles. (Nous donnerons plus loin des détails sur cette translation).

BOUGIE, en arabe *Boujaïah*. Cette ville est bâtie au fond d'une baie qui offre un bon mouillage aux vaisseaux de guerre. Elle est à trente lieues de Constantine, cinquante-cinq de Bône, et quarante-cinq d'Alger. Bougie était autrefois le principal port naval de la régence. Le pays avoisinant est montagneux et d'une fertilité rare en olives.

Bougie peut devenir une ville commerciale d'une très grande importance; on y fait déjà un commerce d'exportation assez étendu de bois de construction, d'huile, de figues, de raisins secs, etc. Les montagnes voisines contiennent des mines de fer; mais elles servent d'asile à une population de Kabyles qui passe pour la plus dangereuse et la plus sauvage du territoire algérien. Cette ville a donné son nom aux chandelles de cire, parce qu'elles y ont été inventées.

PHILIPPEVILLE. Cette ville toute nouvelle a été bâtie par les Français sur les ruines de l'ancienne *Rusicada*, à une demi-lieue de Stora, ancien port romain, et qui sert aujourd'hui de port à Philippeville. La ville est dominée à gauche par un petit mamelon appelé le *Fort de France*, et à droite par un autre mamelon appelé le *Fort d'Orléans*. Les principales rues de la ville sont perpendiculaires à la mer; ce sont les rues Royale, de Marie-Amélie, d'Orléans, de Nemours, de Joinville, et Dupuch; les places Royale, Hélène, etc. La population de Philippeville s'élevait, au mois d'avril 1842, d'après les documents officiels, à 4,210 habitants, tous Européens.

COLLO, port situé entre Bougie et Stora , et qui présente un mouillage plus sûr que ceux de Bougie et de Bône ; tout près de Collo on remarque les restes d'une voie romaine qui conduit à Constantine.

SÉTIF. Petite ville qui se trouve sur la route de Constantine à Alger ; c'est l'antique SITIFIS, chef lieu d'une province romaine appelée *Mauritanie Sitifienne.* On y trouve un grand nombre de débris de constructions romaines ; on n'a conservé qu'une fontaine d'une architecture simple , mais très belle. Après avoir traversé cette ville on arrive au fameux passage appelé *Biban* ou *Portes-de-Fer*, vallée étroite, dominée par des montagnes élevées , et dont les flancs sont impraticables.

DIVISION ANCIENNE ET NOUVELLE DE L'ALGÉRIE.

DIVISION DE L'ALGÉRIE SOUS LA DOMINATION ROMAINE. Le territoire actuel de l'Algérie répond à peu près aux trois provinces romaines appelées *Numidie*, *Mauritanie Sitifienne* et *Mauritanie Césarienne,* dont les chefs-lieux respectifs étaient Cirtha (Constantine), Sitifis (Sétif), et Césarée (Cherschell).

Sous la domination arabe. Les Arabes , avant leur invasion en Afrique , désignaient toute la partie septentrionale de ce continent sous le nom générique de *Mahgreb*, c'est-à-dire pays de l'Occident. Plus tard ils donnèrent le nom de Mahgreb-el-Aksa (couchant le plus reculé) à ce qui forme aujourd'hui le royaume de Maroc, et ils appelèrent Mahgreb-el-Aousath (couchant du milieu) les pays qui composent l'Algérie actuelle.

Sous la domination turque. L'Algérie était divisée en quatre provinces : 1° la province d'Alger; 2° la province d'Oran , ou de l'ouest ; 3° la province de Constantine , ou de l'est ; 4° la province de Titteri , ou du sud. Cette division existait à l'époque de la conquête des Français, et elle a été conservée jusqu'en 1842, où ces circonscriptions furent modifiées de la manière suivante.

Division actuelle de l'Algérie. — Par décisions du ministre de la guerre , en date des 14 novembre 1842 et 4 février 1843, les provinces d'Alger , d'Oran et de Constantine forment aujourd'hui trois divisions militaires, dont les circonscriptions , embrassant toute l'Algérie , ont été réparties comme il suit :

Division d'Alger , formée de deux subdivisions. — *Subdivision d'Alger* : Alger, chef-lieu de la division et de la subdivision ; les forts attenants ; le Sahel et tout le pays compris à l'est, depuis l'Oued-Kaddara jusqu'au Biban (Portes-de-Fer) ; le cercle de Cherschell ; Bougie. — *Subdivision de Titteri* : Blidah, chef-lieu de la subdivision et centre du cercle comprenant Boufarik et Koléah ; Médéah, centre du cercle comprenant le Makhzen (proprement *magasin, réserve ;* tribus auxiliaires , nommées sous les Turcs *tribus de commandement,* exemptes d'impôts et chargées d'assurer l'obéissance des autres tribus, dites *tribus de soumission*) ; les Goums (proprement *levées,* cavalerie mobile des tribus) , et les tribus ; Milianah , centre du cercle comprenant également le Makhzen, les Goums et les tribus.

Division d'Oran, formée de quatre subdivisions. — *Subdivision d'Oran :* Oran , chef-lieu de la division et de la subdivision ; Arzest, Mers-el-Kébir , Misserguin, camp du figuier. — *Subdivision de Mascara* : Mascara , chef-lieu. — *Subdivision de Mostaganem :* Mostaganem, chef-lieu; Mazagran. — *Subdivision de Tlemcen :* Tlemcen , chef-lieu.

Division de Constantine , formée de trois subdivisions. — *Subdivision de Constantine* : Constantine, chef-lieu de la division et de la subdivision ; Philippeville , centre du cercle, comprenant les camps du Smendon , des Toumiettes et de El-Arrouche ; Djidjeli. — *Subdivision de Bône* : Bône, chef-lieu; Guelma , centre du cercle comprenant le Makhzen, les Goums, les tribus ; la Calle , centre du cercle comprenant les tribus qui relèvent de la Calle. — *Subdivision de Sétif* : Sétif chef-lieu.

Des ordonnances royales ont , pendant le cours de l'année 1842, successivement organisé comme il suit les commandements indigènes dans les territoires soumis à notre domination.

Province ou *division d'Alger :* Khalifat des Beni-Soliman ,

Beni-Djad, Arib et Kabyles, Aghalik de Khachna, Aghalik des Beni-Menasser. — *Subdivision de Titteri* : Aghalik du Kéblah, du Cherk, du Tell (terres cultivées) et des Ouled-Naaïl. — *Subdivision de Milianah* : Khalifat des Hadjouths, de Djendel et de Braz ; Aghaliks des Beni-Zoug-Zoug, des Ouled-Aïad, des Beni-Menasser, Cherschell et Taza.

Province ou *division d'Oran* : Khalifat du Gharb (ouest), comprenant trois aghaliks, ceux du Ghozel, du Djebel et du Gharb ; Khalifat du Cherk (est), comprenant trois aghaliks, ceux du Dhahra (nord, c'est-à-dire le pays qu'on a *derrière* soi lorsqu'on est tourné vers la Mecque), du Ouasth (centre) et du Keblah (sud, c'est-à-dire le pays qu'on a *devant* soi lorsqu'on regarde dans la direction de la Mecque) ; Khalifat du Ouasth comprenant quatre aghaliks, ceux des Beni-Chougran, des Sdama, des Hachem-Gharaba, des Hachem-Cheraga ; aghalik du Beni-Amer, commandé par un bach-agha (chef agha), ayant sous ses ordres deux aghas, l'un des Beni-Amer-Cheraga, l'autre des Beni-Amer-Gharaba.

Province ou *division de Constantine* : Khalifat des Haractah, Abd-el-Nour, Telaghma, Zmoul, Segnia, etc. ; Khalifat de la Medjanah ; cheïkhat des Arabes (commandement du Sahara).

POPULATION DE L'ALGÉRIE.

La population de l'Algérie est composée de plusieurs races distinctes, qui diffèrent les unes des autres par leurs caractères physiques, leurs mœurs et leurs habitudes. Le temps n'a pas mêlé, comme en Europe, les divers peuples qui ont occupé les contrées septentrionales de l'Afrique. En France, en Italie, en Espagne, en Angleterre, qui reconnaîtrait aujourd'hui le Franc et le Gaulois, le Lombard et le Romain, le Goth et l'Ibère, le Saxon et le Breton ? En Algérie et dans les autres états barbaresques, on retrouve encore aujourd'hui des races d'hommes dont le type s'est conservé inaltérable à travers les siècles, et qu'on peut reconnaître dans les descriptions des anciens auteurs grecs et romains, et jusque dans les récits de la Bible.

Au moment de l'occupation française, on pouvait compter sept races distinctes dans l'Algérie : c'étaient les *Berbères* ou *Kabyles*, les *Maures*, les *Arabes*, les *Juifs*, les *Turcs*, les *Kouloughis* et les *Nègres*.

LES BERBÈRES sont, sans contredit, les plus anciens habitants du pays (1). Les Algériens les nomment KABYLES ou Kabaïles (du mot arabe *Kabyles* qui signifie *tribu*); ce sont, à ce que l'on croit, les descendants des anciens Numides, des Gétules et des Lybiens, que n'ont jamais soumis les armes d'aucuns conquérants de l'Afrique, depuis les Carthaginois jusqu'à nos jours. Ce que Salluste dit des Numides peut encore s'appliquer aux Berbères. Ils habitent toujours les montagnes jusqu'à leurs cimes les plus élevées; ils y ont des villages (*dachkras*) formés de cabanes (*garbies*) construites avec des branches d'arbres ou des roseaux enduits de terre grasse. Ils occupent toutes les branches de l'Atlas, et tirent leurs dénominations particulières des noms différents de ces montagnes; tels que, par exemple, Beni-Amer, Beni-Menasser, Beni-Zeroual, etc.; ce qui veut dire, dans leur langue, enfants ou habitants de l'Amer, du Menasser, du Zeroual, etc.; d'autres tirent leur nom d'un individu qui est réputé le chef ou le fondateur de la tribu; ainsi, les Beni-Massaoud, fils de Massaoud. Quant aux noms de Numides, de Berbères, de Kabyles, ils leur ont été donnés par les étrangers qui les ont tour à tour désignés par ces appellations génériques, ignorées souvent de ces peuples eux-mêmes.

On croit ces peuples d'origine asiatique; les savants sont partagés sur l'époque de leur émigration. Nous ne rapporterons pas les différents systèmes plus ou moins vraisemblables qu'ils ont imaginés. Tous s'accordent à reconnaître que cette émigration remonte à la plus haute antiquité, mais il n'existe aucun monument qui puisse en déterminer l'époque d'une manière précise. Ils ne parlent pas l'Arabe; leur langue ne ressemble à aucune langue connue, et c'est probablement encore la même

(1) Suivant quelques auteurs, ce nom vient du mot arabe *Bar*, qui signifie désert, et qui désigne des hommes vivants dans le désert ou dans la solitude. Le nom de Numides ou Nomades signifie errant.

que parlaient les Numides au temps des Jugurtha et des Massinissa. Cet idiôme se nomme *choviah*, *chillah* ou *berbère*; il est répandu depuis l'Atlas jusqu'à l'oasis de Sywah.

Les Kabyles sont de taille moyenne; ils ont le teint brun, sans être noir; ils sont tous fort maigres, mais en même temps extrêmement robustes, et supportant les fatigues et les privations avec une constance et un courage remarquables. Leur figure est plus courte que celle des Arabes, et son expression a quelque chose de cruel, expression que leur conduite ne dément pas. Ils s'adonnent à l'agriculture, qu'ils entendent très bien; ils sont très industrieux, et fabriquent eux-mêmes tout ce qui leur est nécessaire, jusqu'à des armes et de la poudre. Ils confectionnent beaucoup de tissus de laine pour leur usage particulier, et l'on doit à leur travail presque toute l'huile qui se consomme dans le pays. Ils exploitent les mines de fer qui se trouvent dans leurs montagnes, convertissent en fonte les minéraux qu'ils en ont extraits, et en fabriquent une foule d'ustensiles assez grossiers et des outils aratoires pour les Maures. Les Kabyles forment la classe la plus nombreuse de la population algérienne. Ils portent dans le cœur un sentiment d'indépendance qu'on ne saurait vaincre, et l'histoire de la domination algérienne ne présente pas une seule tribu kabyle que les armes aient tout-à-fait domptée. Ils résistent jusqu'à l'extrémité, et quand la résistance est devenue désormais impossible, leurs débris vont se perdre dans une autre tribu. Les Turcs connaissent si bien leur esprit d'indépendance, qu'en cas de guerre ils se contentaient de ravager leur territoire et d'y faire ce qu'on appelle des *razzias*; les Kabyles, qui opposaient à leur attaque une tactique moins habile, étaient forcés par ces ravages à renouveler la paix. Malheureusement nous avons été nous-mêmes obligés d'employer les mêmes moyens pour obtenir le même résultat. Les tribus les plus puissantes habitent les montagnes de la province de Constantine.

LES MAURES sont, après les Berbères ou Kabyles, les plus anciens habitants du nord de l'Afrique. Salluste prétend qu'ils proviennent du mélange des soldats de l'armée d'Hercule, passée d'Espagne en Afrique avec les Lybiens et les Gétules, aborigènes de la contrée. Quoi qu'il en soit de cette origine, les Maures ont des mœurs plus douces que les Numides, et ils se sont toujours montrés plus disposés à vivre en société et à jouir de tous les avantages d'une civilisation avancée. Au lieu de se retirer comme eux dans les montagnes, les Maures habitaient les bords de la mer, et quand des nations puissantes vinrent fonder sur ces rivages des villes et des empires, les Maures en furent les premiers habitants, comme ils furent les premiers sujets des conquérants. Tour à tour soumis à Carthage ou à Rome, aux Vandales ou aux Arabes, aux Turcs ou aux Français; tour à tour idolâtres, chrétiens, musulmans, ils se sont alliés avec tous ces conquérants divers, ce qui a altéré très sensiblement la pureté de leur origine.

La taille des hommes est au-dessus de la moyenne. Leur démarche est noble et grave; ils ont les cheveux noirs, la peau un peu basanée, mais cependant plutôt blanche que brune, le nez aquilin, la bouche moyenne, les yeux grands, mais peu vifs. Ils ont en général un certain embonpoint qui peut servir à les distinguer des Arabes et des Berbères, qui sont presque toujours très maigres. Les mœurs de la population maure sont douces; elle est toute entière renfermée dans les villes et dans les villages, construits en maçonnerie; souvent elle se trouve obligée de se défendre contre les Arabes et les Berbères, qui cherchent continuellement à la piller.

Les Maures ont pris la religion des Arabes et leur langage, sauf quelques modifications qui pourraient être appelées le dialecte maure. Les Turcs, sous le despotisme desquels ils ont vécu pendant plus de trois cents ans, leur ont imposé leurs coutumes, et s'ils n'ont pas changé leur religion, c'est qu'elle était la même que celle qu'ils avaient reçue des Arabes. Leur costume est encore celui des Orientaux, avant les réformes introduites par le sultan Mahmoud. Ils portent une culotte fort large qui leur laisse les jambes nues; une veste et deux gilets brodés en or ou en soie, suivant leur rang; ils ont pour coiffure le turban. Leurs chaussures sont des pantoufles de maroquin très couvertes, qu'ils nomment *babouches*.

Si les Maures sont les hommes les plus doux de la Barbarie,

ils en sont aussi les plus paresseux : ils passent la plus grande partie de leur temps, les jambes croisées sur un banc ou sur une natte de joncs, à fumer leur pipe et à prendre du café. Ils sont très religieux, et s'acquittent fort exactement de toutes les pratiques que leur impose le Koran. Quand l'heure de la prière est annoncée par le *muezzin* (crieur), monté sur le haut de la mosquée, ils se prosternent partout où ils se trouvent et prient avec la plus grande ferveur, en faisant toutes les cérémonies prescrites par la loi de Mahomet, sans s'inquiéter en aucune façon de ceux qui les environnent. Malgré la diversité de leurs races, les Maures ont conservé une tournure d'esprit, un caractère distinct, une espèce de nationalité à part. Doués d'une finesse d'intelligence remarquable, d'une grande souplesse de caractère, ils sont susceptibles de s'élever à un haut degré de civilisation (1).

LES ARABES habitent les plaines de l'Algérie. Ceux qui s'adonnent à la culture des terres occupent des demeures fixes ; les autres vivent sous des tentes, et changent continuellement le lieu de leur résidence, selon la saison et l'abondance des pâturages. Ceux-ci sont les *Arabes Bédouins*. Leur langage, leur caractère moral et physique, leurs mœurs, leurs coutumes, sont absolument les mêmes que ceux des Arabes de l'Asie. Ils descendent de ces conquérants qui, sous le règne des califes, s'emparèrent d'une grande partie de l'Afrique, et envahirent l'Espagne. Ainsi leur apparition dans l'Algérie ne remonte pas au-delà du septième siècle de notre ère. Ils sont divisés par tribus qui ont chacune un chef que l'on appelle *cheik*. Les Bédouins élèvent une grande quantité de troupeaux qui forment leur principale richesse ; ils sont moins actifs et moins industrieux que les Berbères, et peut-être aussi moins cruels. Ce sont eux qui ont apporté l'islamisme (religion mahométane) dans l'Algérie, et qui l'ont fait adopter aux peuples qui habitaient cette contrée. Les Maures ont embrassé facilement cette religion et ils la pratiquent encore avec ferveur ; quant aux Berbères,

(1) Voyage dans la régence d'Alger, par M. Rozet. — Histoire de l'Algérie, par M. le baron de Vinchon.

il n'y a guère que ceux qui vivent sur les bords des plaines, qui, se trouvant continuellement en contact avec les Arabes, aient embrassé l'islamisme ; encore ne sont-ils pas rigoureux observateurs de la loi de Mahomet. Ceux qui habitent les montagnes, et c'est le plus grand nombre, ne reconnaissent nullement cette loi, et il serait difficile de dire quelle est leur religion, si toutefois ils ont une religion. Les Arabes sont aussi divisés par tribus, qui prennent leurs noms de quelque ancien chef : on peut les distinguer des Kabyles, qui mettent devant le nom de leurs tribus celui de *Ouled*, tandis que les Arabes mettent celui de *Beni* (*Ben* au singulier) qui a la même signification. Ainsi, les Beni-Menasser, Beni-Zug-Zug, etc., seraient d'origine arabe, et les Ouled-Ali, Ouled-Zenati, etc., appartiennent à la race Kabyle. (Shaw, voyage en Afrique.)

Les Juifs. Presque toutes les villes de l'Algérie renferment un grand nombre de Juifs. Ce peuple habitait l'Afrique longtemps avant l'arrivée des Arabes ; les premiers Juifs établis en Algérie paraissent s'y être réfugiés après la ruine de la Judée par l'empereur Vespasien. Mais le plus grand nombre vient des Juifs chassés d'Europe dans le XIIIe siècle, et surtout d'Espagne à différentes époques.

Les Maures, expulsés eux-mêmes de ce pays, accueillirent les Juifs avec bienveillance. On leur accorda tous les priviléges dont ils avaient joui en Espagne, sous l'empire des Arabes ; ils obtinrent même le droit de faire des liqueurs et des vins. Toutes les conditions du traité furent écrites sur un parchemin que les rabbins d'Alger conservent encore dans leurs archives. Mais quand les Turcs se furent emparés de cette ville, leur despotisme, qui s'étendit bientôt sur tous les habitants, de quelque religion qu'ils fussent, s'appesantit particulièrement sur les Juifs. Ils ne furent pas précisément réduits en esclavage ; ils jouissaient du libre exercice de leur religion, et dans les affaires civiles ils étaient soumis à un chef de leur nation, nommé par le pacha ; comme dans tous les autres pays, ils se livraient à toute sorte de commerce, et étaient les seuls banquiers d'Alger ; mais ils achetaient ces avantages au prix de vexations continuelles. Ils payaient une taxe par tête, et un double impôt sur toutes les marchandises qu'ils importaient. Outre les qualités légales dont ils étaient privés, ils avaient à souffrir une affreuse oppression ; il leur était défendu d'opposer de la résistance quand ils étaient maltraités par un Musulman, n'importe la nature de la violence. Ils étaient forcés de porter des vêtements noirs ou blancs : ils n'avaient le droit ni de monter à cheval, ni de porter une arme quelconque, pas même de canne. Ils ne pouvaient sortir des villes sans permission, excepté les mercredis et les samedis. Ils étaient employés aux travaux les plus pénibles, selon le caprice du pacha. Plusieurs fois, quand les janissaires se sont révoltés, les Juifs ont été pillés indistinctement, et ils étaient toujours tourmentés par la crainte de voir se renouveler de pareilles scènes. Les enfants mêmes les poursuivaient dans les rues, et le cours de leur vie n'est qu'un mélange affreux de bassesse, d'oppression et d'outrages. Cet état de choses n'a cessé pour eux qu'à l'arrivée des Français, qui, en détruisant la puissance des Turcs, ont brisé les fers de la population israélite (1). Aussi de tous les habitants de l'Algérie, les Juifs sont ceux qui ont accueilli la domination française avec le plus de faveur.

Les Turcs, qui ont possédé pendant trois siècles toute l'Algérie, ne s'y sont pas introduits en conquérants. Nous verrons dans la partie historique que les Algériens les avaient appelés à leur secours contre les Espagnols, qui s'étaient emparés de plusieurs villes maritimes, et que les Turcs profitèrent de cette occasion pour se rendre maîtres du pays. Les Turcs formaient une compagnie ou *odjack* de janissaires, recrutés à Smyrne, à Constantinople, et dans plusieurs autres villes de la Turquie, par des agents du dey, d'après un traité conclu entre le prince et le sultan. Ces soldats turcs jouissaient à Alger de priviléges fort étendus ; eux seuls avaient droit aux dignités et aux fonctions les plus honorables du gouvernement, même à celle de dey dont l'élection leur était confiée. Ces janissaires perdirent une partie de leurs priviléges en épousant des filles Maures ; leurs fils ne pouvaient point être enrôlés dans la milice, et ils

(1) M. le baron de Vinchon, M. Rozet, M. Schaller.

rentraient, à quelques exceptions près, dans la classe Maure. C'est cette classe d'individus qui portait et qui porte encore le nom de *Kouloughis*. Par une bizarrerie singulière, tandis que les enfants nés du mariage des Turcs avec les filles des Maures perdaient tous ou presque tous leurs priviléges, les enfants nés de l'union des Turcs avec des esclaves chrétiennes étaient considérés comme Turcs; ils pouvaient entrer dans l'*odjack* (la milice), et parvenir à toutes les dignités de l'Etat.

Après la prise d'Alger par les Français, tous les janissaires non mariés qui habitaient les casernes d'Alger furent embarqués, au nombre de 1,500, sur bâtiments de guerre français, et transportés à Vourla, près de Smyrne. La même faveur fut accordée aux hommes mariés qui demandèrent à partir, ainsi qu'à chacun de leurs enfants. La plupart des autres Turcs qui sont volontairement restés dans la régence ont pris du service dans l'armée française.

LES KOULOUGHIS descendent, comme nous venons de le dire, du mariage des Turcs avec les Mauresques. La distinction résultant du fait de leur naissance a disparu avec la conquête, et bientôt ils seront confondus avec la population maure, à laquelle ils appartiennent du côté maternel.

LES NÈGRES. Il existe en Algérie, comme dans les autres états Barbaresques, beaucoup de familles nègres qui vivent au milieu des Maures et des Arabes, et jouissent des mêmes droits qu'eux, parce qu'elles ont embrassé l'islamisme. Ces familles, qui ne forment qu'une très faible partie de la population, proviennent d'esclaves amenés de l'intérieur de l'Afrique, ou achetés à Tripoli. On leur accordait facilement la liberté, dès qu'ils consentaient à embrasser l'islamisme, ce qu'ils ne manquaient jamais de faire. L'esclavage domestique était du reste très doux dans ce pays. C'était moins un état de servitude qu'un échange de services et de protection.

Tels étaient les peuples divers qui occupaient l'Algérie au moment de l'arrivée des Français en 1830. Dès lors une population nouvelle d'Européens, et principalement de Français, est venue s'y établir. Le pays a déjà subi de grands changements, mais il faut encore bien des années pour que la civilisation européenne l'ait transformé complétement , et lui ait donné cette face nouvelle que lui imprimeront nos arts , nos lois , nos mœurs et la religion chrétienne.

Nous allons maintenant parler de l'Algérie , en prenant pour point de départ la période arabe.

CHAPITRE II.

Période arabe. — Première expédition des Arabes en Afrique. — Deuxième et troisième expéditions. — Conquête de l'Espagne. — L'Afrique indépendante des Khalifes de Bagdad. — Les Edrissites et les Aghlabites. — Dynastie des Faltremites. — Dynastie des Zéïrides. — Première fondation du royaume d'Alger. — Les Almoravides et les Almohades. — Trois dynasties subtituées aux Almohades. — Royaume de Tlemcen. — Les Espagnols s'emparent d'Oran, de Bougie, etc. — Aroudj Barberousse. — Son origine, ses premiers exploits. — Il s'empare d'Alger et s'en fait proclamer roi. — Administration d'Aroudj Barberousse. — Sa mort. — Khaïreddin Barberousse, pacha d'Alger. — (647-1536).

PÉRIODE ARABE.

MAHOMET venait d'ouvrir une nouvelle ère aux populations de l'Orient et de produire à leurs yeux un nouveau livre de foi. Composé des rêveries des rabbins juifs et des dóctrines des hérésiarques nestoriens ou jacobites, il prétendit que ce livre, qu'il appela le Koran, lui avait été dicté par l'ange Gabriel. Au caractère divin de la religion du Christ, à ses dogmes mystérieux et profonds, à l'esprit de douceur et d'abnégation que Jésus était venu prêcher sur la terre, la religion de Mahomet opposait un caractère simple, parfaitement saisissable, profondément *humain*, si l'on peut le dire, et adopté aux mœurs,

aux passions et aux intérêts matériels des tribus grossières auxquelles elle s'adressait. La douceur, la persuasion, la charité,
furent les moyens employés par Jésus pour prêcher sa doctrine;
le glaive et la violence furent les principaux arguments de Mahomet, pour progager la sienne. Croyez et vivez, disait Jésus ;
croyez ou mourez, disait Mahomet. Aussi l'islamisme fut, avant
tout, une religion de conquête et d'invasion, et ce caractère
fut toujours si bien marqué en lui que ses destinées mêmes
ont depuis toujours semblé liées aux destinées de la guerre
contre les Chrétiens. Toutes les fois que le *Djehad* ou la
guerre sacrée, comme ils l'appellent, s'est arrêté, l'islamisme
lui-même a paru décroître. Il ne vit que par la guerre, et semble impuissant pour les fondations pacifiques. Aussi n'a-t-il pas
été jusqu'à ce jour dans sa destinée de fonder des empires
durables.

PREMIÈRE EXPÉDITION DES ARABES EN AFRIQUE.

Dans la première ferveur de leur zèle, les sectateurs de Mahomet firent d'immenses conquêtes, avec une rapidité incroyable. En moins de vingt ans ils subjuguèrent la Syrie, une partie de la Perse, la Thrace et l'Egypte.

L'an 27 de l'hégire (647 de l'ère chrétienne), sous le khalifat d'Othman, successeur d'Omar, une armée de vingt mille
Arabes entre dans les provinces du nord de l'Afrique, sous
la conduite d'Abdallah-ben-Abou-Saad, plus connu sous le nom
d'Amrou. Il rencontra à Jakouba le patrice Georges, à la tête
d'une armée de 120,000 hommes (Grecs ou Berbères). Abdal-
lah n'hésita pas à attaquer les Chrétiens, et après des
prodiges de valeur, la victoire resta aux Musulmans qui s'emparent d'un butin immense, ruinent Sobeïtalah (l'ancienne Su-
fétula), et soumettent à la loi de Mahomet et au tribut une
partie de la Tripolitaine et de la Byzacène.

De tous les conquérants qui avaient envahi leur pays, aucun
n'avait trouvé chez les Berbères plus de sympathies que les
Arabes. La ressemblance de leurs mœurs, leur vie nomade

et aventureuse, et peut-être une commune origine (1), les avaient disposés à accueillir avec moins de répugnance ces nouveaux venus et la religion qu'ils leur apportaient. Cependant l'esprit d'indépendance l'emporta souvent sur ces sympathies, et nous les verrons plus d'une fois lutter contre les envahisseurs, même après avoir embrassé l'islamisme.

DEUXIÈME ET TROISIÈME EXPÉDITIONS.

Constant II, petit-fils d'Héraclius, régnait alors à Constantinople. Ce prince, pour s'opposer aux progrès des Mahométans, ordonna qu'on fît en Afrique des levées extraordinaires d'hommes et d'argent. Mais les peuples, fatigués de ses exactions, traitèrent secrètement avec Moawiah, premier khalife Ommiade, qui envoya successivement deux armées en Afrique, l'une commandée par Moawiah-ben-Khodaïdj, son parent, (665-666), et l'autre sous les ordres d'Akbah-ben-Nafa (670-671), qui pénétra presque sans résistance dans le Zab,

---

(1) Des traditions antiques dont les traces se trouvaient à la fois et chez la race de l'invasion et parmi les peuplades qui allaient la subir, assignaient à la plupart de ces dernières une origine arabe ou cananéenne. D'après la seconde de ces hypothèses, déjà recueillie par les historiens grecs du Bas-Empire, la partie de la population indigène la plus ancienne se rattachait à ces Cananéens, chassés de Palestine par Josué, chef des Israélites. Au rapport de Procope, d'Évagre et de quelques autres historiens, il y avait en Mauritanie deux colonnes de pierre qui portaient l'inscription suivante, gravée en gros caractères et en langage phénicien : *Nous sommes les Cananéens qui avons pris la fuite devant Josué, fils de Noan, cet insigne brigand.* Une autre tradition donnait pour ancêtres à une partie des tribus nomades d'Afrique des colonies de Sabéens, peuples de l'Arabie heureuse, qui, chassés de leur pays par un ennemi puissant, auraient cherché un asile dans le nord de l'Afrique. Cette contrée ne portait pas encore ce nom, et n'était connue des Arabes que sous le nom de *Maghreb* (le couchant), dénomination encore conservée aujourd'hui par les Arabes. Ces tribus sabéennes, au nombre de cinq, avaient pour chefs, dit Marmol, Melek Afrikis, fils de Kaïs, auquel l'Afrique est redevable de son nom moderne.

s'empara de Bougie, et arriva jusqu'à Tanger. A son retour de cette expédition, il fonda la ville de Kaïroan, dans l'ancienne Cyrénaïque, et sur les ruines de l'ancienne ville grecque de Cyrène. Kaïroan fut, pendant longtemps, la capitale des possessions des khalifes dans le nord de l'Afrique.

Cependant Koseïlah, chef des Berbères convertis à l'islamisme, redoutant toutefois la domination arabe qui lui paraît plus dangereuse que celle des Grecs, désormais trop faibles pour exciter ses craintes, s'unit avec les généraux de l'empereur, et tue Akbah et s'empare de Kaïroan, à peine fondée : sous le poids de ces défaites l'invasion, arabe recule jusqu'à Barkah. Abd-el-Melik, qui occupe alors le khalifat, tente de nouveaux efforts. Il envoya en Afrique Hassan, gouverneur d'Egypte, avec 40,000 hommes.

Ce général marche droit sur Carthage, qui est emportée d'assaut (688). La plupart des habitants, Grecs et Romains, n'échappent à la mort que par la fuite : la ville est livrée au pillage, détruite et rasée.

Le reste de la province suivit bientôt le sort de la capitale. Les Romains et les Grecs, chassés de leurs anciennes possessions, se réfugièrent en Italie et en Espagne. La langue latine et la religion chrétienne furent dès lors bannies de l'Afrique.

Les Berbères, qui s'étaient retirés à Bône, défendirent pendant quelque temps leur liberté. A Kosseïlah, ce chef berbère mort en combattant Hassan, avait succédé sa fille, à laquelle la superstitieuse vénération de ses sujets avait décerné le titre d'El-Kahinah (la prophétesse). Cette héroïne se mit à la tête des Africains, combattit Hassan avec succès, reprit Carthage, et repoussa les Arabes jusqu'à Barkah ; mais Hassan ayant reçu de puissants secours triompha de nouveau des Berbères. El-Kahinah périt les armes à la main, et Hassan, désormais libre de tout obstacle, s'empara de Sfax et de Constantine, recruta 12,000 Berbères vaincus, et retourna en Orient chargé d'immenses dépouilles.

Moussa-ben-Nosaïr, investi du gouvernement de l'Afrique par le khalife Abd-el-Malek, poussa la conquête musulmane jusqu'à Sous, et dès lors toute l'Afrique septentrionale ou le

Maghreb (1), comme l'appellent les Arabes, à l'exception de quelques villes maritimes encore possédées par les Goths d'Espagne, fut décidément soumise à l'islamisme.

CONQUÊTE DE L'ESPAGNE PAR LES ARABES.

Bientôt une riche et brillante conquête vint s'offrir à l'ambition de Moussa. Le comte Julien, gouverneur de Ceuta, voulant renverser du trône Rodrigue, roi d'Espagne, appela les Musulmans dans ce pays. Moussa fit passer le détroit à son lieutenant Tharek, avec un petit nombre de cavaliers (710). Cet officier, homme habile et plein de résolution, fit des courses dans le pays ennemi, et revint chargé d'un grand butin. L'année suivante, il conduisit sept mille hommes, moitié Berbères, moitié Arabes, et les débarqua au pied du mont Calpé, qui dès lors reçut le nom de Gibel-Tharec (montagne de Tharec), d'où est venu le nom de Gibraltar qu'il porte encore aujourd'hui.

Rodrigue marcha contre Tharec avec une armée forte, dit-on, de 100,000 hommes; celle des Arabes n'était que de 12,000, en y comprenant les renforts qu'ils avaient reçus. La bataille s'engagea sur les bords du Guadalète, non loin de Xérès de la Frontera. On se battit pendant huit jours avec un furieux acharnement. Les Espagnols furent vaincus, et leur roi Rodrigue périt dans la déroute. La victoire de Guadalète ou de Xérès livra aux Arabes Tadmin, Malaga, Cordoue, Alméda, Grenade et Tolède.

Moussa, jaloux de ses succès, passa lui-même en Espagne

(1) De ce nom de *Maghreb*, qui signifie le couchant, vient la dénomination de Maghrebins ou Maugrabins, donnée en Orient aux peuples qui habitent le nord de l'Afrique. Les Phéniciens donnaient à cette contrée le nom de *Mahurin*, les Hébreux celui de *Mahur*, qui a la même signification et quelque ressemblance avec celui de *Maghreb*. C'est du mot Mahurin ou Mahur qu'est venu le nom de Maure et de Mauritanie. Ainsi ces noms de Maures et de Maugrabins ne signifient autre chose qu'Occidentaux ou peuples de l'Occident. — L'Espagne, située en face de la Mauritanie, avait aussi reçu des Grecs le nom d'Hespérie, c'est-à-dire pays du couchant.

avec une nombreuse armée, dans l'espoir d'enlever à Tharec la gloire d'une si belle conquête. Il s'empara de Séville, de Mérida, de Saragosse, de Barcelone, et de plusieurs autres places ; passant ensuite les Pyrénées, il s'empara de Narbonne et de cette partie de la Gaule qui dépendait de l'empire des Goths. Ainsi en deux ans (de 710 à 712) la conquête de l'Espagne était terminée.

Alors Moussa forma de sa conquête et du Maghreb trois gouvernements qu'il donna à ses trois fils. L'aîné, Abd-el-Aziz, eut l'Espagne; le second, nommé Abou-el-Ala, eut une partie du Maghreb, avec Kaïroan pour capitale ; enfin le troisième eut le reste du Maghreb, et pour capitale Tanger.

D'ardentes rivalités s'étaient élevées entre Moussa et Tharek ; les plaintes de celui-ci retentirent jusqu'au trône du khalife ; d'ailleurs le pouvoir sans bornes que Moussa s'était arrogé, l'investiture donnée par lui à ses trois fils, portèrent ombrage au khalife Oualid. Moussa fut disgrâcié, et mourut en exil et dans la misère. Deux de ses fils, accusés de trahison, eurent la tête tranchée. Mohammed-ben-Zezid fut chargé de remplacer Moussa et ses fils dans le gouvernement du Maghreb (1).

L'AFRIQUE DEVENUE INDÉPENDANTE DES KHALIFES DE BAGDAD.

Lorsque, vers le milieu du huitième siècle de notre ère, le khalifat passa de la main des Ommiades dans celle des Abassides, l'Afrique, comme tout le reste de l'empire arabe, se vit en proie à d'immenses déchirements intérieurs : elle participait, d'une part, au mouvement de l'Espagne, vers laquelle elle était, pour les nouvelles hordes survenant d'Arabie, un lieu continuel de passage, et où le dernier rejeton des Ommiades d'Orient allait relever sa race déchue et fonder le royaume de Cordoue (757 de J.-C.) ; de l'autre, par l'Egypte, elle subissait encore

(1) Voir, pour les détails, nos illustrations de l'histoire d'Espagne et de Portugal, publiées par MM. Ardant frères, libraires à Paris et à Limoges.

l'influence, quelquefois pacifique et souvent violente, des khalifes de Bagdad.

Les gouverneurs se conduisirent bientôt avec une sorte d'indépendance qui semblait annoncer une révolution prochaine. Au milieu du conflit des ambitions qui partagent le pays, surgissent tout-à-coup deux dynasties qui ramenèrent à une sorte d'unité le Maghreb, prêt à se morceler en vingt petits états. Ce sont, dans l'ouest, les Beni-Edris (ou Edrissites); dans l'est, les Beni-Aghlab (ou Aghlabites).

Le fondateur de la dynastie des Edrissites, Edris-ben-Edris, descendait d'Ali, gendre de Mahomet, et de Fathucath, sa fille; il s'était réfugié en Afrique pour échapper aux persécutions de l'Abasside Haroun-al-Raschid, auquel le rendaient redoutable les prétentions de sa maison. Après s'être créé un parti politique, composé en grande partie de Berbères, il fut proclamé khalife dans Tlemcen. Ses successeurs occupèrent bientôt Ceuta, Tanger, et tout ce qui composait les anciennes Mauritanies (Tingitane, Sitifienne et Césarienne). Cette portion extrême de l'Afrique à l'ouest était désignée par les Arabes sous le nom de *Maghreb-el-Aksa* (couchant le plus reculé). Cette dynastie se signala par un attachement constant pour les Ommiades d'Espagne. Elle établit le siége de son empire à Fez, qu'elle fonda et embellit, et retint entre ses mains la moitié de l'Afrique, jusqu'à l'avénement de la dynastie des Fathemites (908).

Dans la partie de l'Afrique la plus voisine de l'Egypte, s'établissait, au temps même des Edrissites, la dynastie des Beni-Aghlab (Aghlabites). Le fondateur de cette dynastie, Ibrahim-ben-Aghlab, nommé gouverneur d'Afrique par Haroun-al-Raschid, se révolta ouvertement, et se fit proclamer souverain à Kaïroan, vers l'an 800 (180 de l'hégire). Les Aghlabites possédaient la partie occidentale de l'Algérie, et la ville d'Alger elle-même. Le troisième prince de cette race, Ziadet-Allah, fit la conquête de la Sicile, et s'empara de toute la Calabre, et de la ville de Tarente en Italie. La dynastie des Aghlabites fut aussi remplacée en 908 par celle des Fathemites.

Une troisième dynastie s'était aussi élevée au centre de

l'Afrique septentrionale, dans la partie appelée par les Arabes Maghreb-el-Aousath (couchant du milieu). C'était celle des Beni-Rostern, dont le siége était à Tahart. Ils possédaient la partie orientale de l'Algérie, et ils n'ont guère signalé leur existence que par leur activité à fomenter des troubles contre la dynastie rivale et plus puissante des Aghlabites.

DYNASTIE DES FATHEMITES.

Les Fathemites, devant lesquels disparurent les trois dynasties contemporaines et parallèles des Edrissites, des Aghlabites et des Rostemites, puisaient leurs droits à l'empire dans leur descendance réelle ou supposée de Fathmath, fille de Mahomet, et d'Ali, son gendre. Abou-Mohammed-Obaïd-Allah, fondateur de cette dynastie, se rattachait par ses doctrines politiques et religieuses à la secte d'Ali, si célèbre dans l'Orient. Bientôt il fut regardé dans tout l'est de l'Afrique comme le *Mahdi* ou guide annoncé par le Koran, et destiné à ramener tous les hommes à l'unité primitive de l'islamisme. Secondé par de nombreux partisans, Obaïd-Allah, plus connu sous son surnom d'Al-Mahdi, renversa les trois dynasties qui régnaient dans le Maghreb; et prit le titre de kalife en 902.

La dynastie des Fathemites a duré un peu plus de deux cent cinquante ans, mais les trois premiers princes de cette race seulement régnèrent en Afrique. Moaz-el-Din-Illah, petit-fils d'Obaïd-Allah, s'empara de l'Egypte en 972, et y bâtit la ville du Kaire (*El-Kaherah*, la victorieuse). Bientôt il transféra dans cette ville le siége de sa puissance, emportant d'Afrique, avec le corps de ses ancêtres, tous les trésors qu'ils avaient amassés.

DYNASTIE DES ZÉÏRIDES. — PREMIÈRE FONDATION DU ROYAUME D'ALGER.

En partant pour l'Egypte, Moaz-el-Din-Illah laissa à Jousef-ben-Zéïri le gouvernement de la partie est du Maghreb. (La partie ouest ou le Maghreb-el-Aksa était tombée depuis plusieurs années au pouvoir des Ommiades d'Espagne). Bientôt les Zéïrides jouirent d'une indépendance presque complète, et la souveraineté des Fathemites se borna désormais à l'hommage fait entre leurs mains, à titre de chefs spirituels, par les successeurs de Jouseph-ben-Zéïri, et à l'investiture donnée par eux au successeur du souverain mort ou déchu.

Les Zéïrides peuvent être considérés comme les premiers fondateurs du royaume d'Alger. Ils ne possédaient dans le commencement que Bougie, Alger, les forteresses de Hammad et quelques autres places. Dans la suite, ils s'emparèrent de Tlemcen, de Fez, de Sedjelmesah, et de presque tout le Maghreb-el-Aksa, d'où ils chassèrent les Ommiades d'Espagne. Mais ils perdirent Tripoli, qui leur fut enlevée par un Turc nommé Schah-Malek, et la Sicile, dont les Normands s'emparèrent en 1091. Schah-Malek est le premier Turc qui se soit établi dans le nord de l'Afrique; mais il ne posséda pas long-temps sa conquête.

En 1146, sous le règne de Hassan, dernier prince de la race des Zéïrides, Roger, roi de Sicile, s'empara de Tripoli et de presque toute la côte d'Afrique entre cette ville et Tunis. Les Zéïrides, pressés de tous côtés à l'extérieur par de puissants ennemis, travaillés à l'intérieur par des révoltes continuelles, s'éclipsèrent enfin devant la souveraineté des Almohades, déjà puissants à cette époque dans l'ouest de l'Afrique. La dynastie des Zéïrides avait duré deux cents ans.

LES ALMORAVIDES ET LES ALMOHADES.

Nous ne parlerons guère ici que pour mémoire de la dynastie des Almoravides (*El-Morabethah*, les Marabouts), parce que, même au temps de sa plus grande puissance, elle eut peu d'influence sur le royaume d'Alger, alors possédé par les Zéïrides. Jousef-ben-Tachfin, le plus grand des souverains Almoravides, s'empara de tout le Maghreb-el-Aksa; de là il porta ses conquêtes en Espagne, et réunit sous son autorité les petits états musulmans qui s'étaient formés après l'extinction des Ommiades (Andalousie, Malaga, Grenade, Séville). La victoire de Zalaka, remportée par Jousef contre Alphonse de Castille, fut un des plus signalés triomphes de l'islamisme sur la chrétienté. Dans le Maghreb, Jousef fonda la ville de Maroc (1062), où il prit le titre d'*émir-el-meslemin* (commandeur des Musulmans), et de *naser eddin* (soutien de la foi). Par ce titre il voulait éviter d'empiéter sur celui d'*émir-al-moumenin* (gouverneur des croyants), réservé aux Fathmites d'Egypte, et regardé comme leur propriété légitime. Jousef est considéré comme le fondateur de l'empire de Maroc.

Les Almohades, qui détruisirent la dynastie des Almoravides, descendaient des premiers Arabes qui firent la conquête de l'Afrique vers le milieu du septième siècle. Le fondateur de cette nouvelle dynastie, Abou-Abdallah-Mohamed, s'éleva au pouvoir par les prédications religieuses et la prétention hautement avouée de ramener tous les Musulmans à l'autorité primitive et à l'unité dont ils s'étaient écartés ; de là le nom de ses sectateurs, *El-Mouhhadin*, Almohades, c'est-à-dire unitaires. Reconnu comme Mahdi (1121), par les Musulmans de l'ouest, il marcha à la conquête de Maroc. Il mourut en 1130, en désignant Abd-el-Moumen pour son successeur.

Abd-el-Moumen se rendit fameux par ses victoires sur les Almoravides et les Zéïrides. Il prit le titre d'*émil-al-moumenin* (1134), devant lequel les Almoravides avaient reculé. Il s'empara bientôt de l'empire de Maroc, et fit trancher la tête à Ishac, dernier prince de la race des Almoravides. Pendant qu'il assiégeait Maroc, les principaux chefs des Arabes d'Espagne vinrent le trouver, et le reconnurent pour leur souverain. En même temps ils implorèrent son assistance contre les Chrétiens, qui, profitant des divisions des Musulmans, avaient conquis un grand nombre de places de la domination mahométane. Abd-el-Moumen envoya aussitôt une armée en Espagne, tandis que d'un autre côté il s'emparait de Tlemcen, d'Oran, et de tout le Maghreb-el-Aousath, que nous désignerons désormais sous le nom de royaume d'Alger. Il poussa ses conquêtes dans l'est, chassa les Normands de toutes les places qu'ils avaient occupées, et s'empara de Tripoli, de Tunis, de Kaïroan, de Maddiah, qu'il réunit à ses vastes conquêtes qui embrassaient tout le nord de l'Afrique et une partie de l'Espagne. Le royaume d'Alger ne fut plus alors qu'une province de ce vaste empire dont Maroc était la capitale.

Abd-el-Moumen mourut après un règne glorieux de 34 ans, au moment où il concentrait à Salé des préparatifs de guerre formidables pour aller combattre les monarchies chrétiennes d'Espagne. Abou-Jakoub-Jousef, surnommé El-Mansour, son successeur, jouit, pendant vingt-deux ans d'un règne glorieux, du double empire de l'Afrique et de l'Espagne. Sa cour, dont le siége fut alternativement dans l'un et l'autre de ces pays, fut le rendez-vous des hommes les plus signalés de cette époque dans les sciences et les arts de l'islamisme. Les noms d'Averroës et d'Avenzoar, médecins d'El-Mansour, conquirent dès lors une renommée qui ne tarda pas à franchir les limites de l'empire arabe.

El-Mansour mourut en 1199, et laissa le trône à son frère Mohammed-ben-Abdallah, surnommé El-Naser-li-din-Illah.

Les princes chrétiens d'Espagne voyaient avec crainte la puissance des Almohades, qui réunissaient dans leurs mains toutes les forces si longtemps divisées des Musulmans d'Afrique et d'Espagne. Mohammed, poursuivant les projets de son frère et de son père, appela tous les sujets de ses vastes états à la guerre sacrée. Jamais depuis longtemps un si grand nombre de disciples de Mahomet n'avaient répondu à l'appel du Djehad. Six cent mille hommes s'apprêtaient à fondre sur l'Espagne, et Mohammed se flattait d'y détruire entièrement la religion du Christ. Les rois d'Espagne, de leur côté, appelèrent à leur secours les autres princes chrétiens de l'Europe. Bientôt une foule de chevaliers de France, d'Italie et d'Allemagne franchirent les Pyrénées, et vinrent combattre sous les étendards de la croix. Les deux armées se rencontrèrent dans les plaines de Tolosa (1212).

Là eut lieu une de ces batailles terribles, décisives, qui changent le sort des nations. Les Musulmans furent entièrement défaits, et ils donnèrent à cette journée, si malheureuse pour eux, le nom d'*El-Akab* (journée du châtiment) (1). La question

---

(1) Voir les détails de la bataille de Tolosa dans nos Illustrations de l'histoire d'Espagne.

était désormais décidée entre l'Espagne catholique et l'Espagne mahométane. La bataille de Tolosa était pour celle-ci ce qu'avait été celle de Xérès pour la première ; et si les Arabes ne furent chassés que deux siècles après de la Péninsule, on ne doit en attribuer la cause qu'au peu d'ensemble qui dirigeait les opérations des Chrétiens.

La bataille de Tolosa eut un grand retentissement en Afrique ; elle ébranla jusque dans ses fondements la dynastie des Almohades. Les Oualis ou gouverneurs des provinces méconnu-rent le pouvoir de l'émir almohade. On compte encore, après Mohammed, neuf rois de cette dynastie ; mais ils se virent enlever successivement toutes leurs provinces, jusqu'à ce qu'un soulèvement général renversa du trône le dernier prince de cette dynastie, en 1269.

TROIS DYNASTIES SE SUBSTITUENT AUX ALMOHADES. — ROYAUME DE TLEMCEN.

Le Maghreb réuni, pendant près de cent cinquante ans, sous la domination des Almohades, se démembra de nouveau. Il fut partagé par trois dynasties principales : les Béni-Mérin s'emparèrent de Maroc et du royaume de Fez ; les Abou-Afs, princes nègres, se rendirent maîtres du royaume de Tunis, et les Beni-Zian, de celui de Tlemcen. Comme ce dernier état comprenait presque toute l'Algérie actuelle, nous ne parlerons que de ceux-ci.

La souveraineté qui se continua à Tlemcen, et qui s'exerça à peu près dans les mêmes limites géographiques qu'eut depuis la *régence algérienne*, eut pour premiers auteurs les Abd-el-Ouad, famille illustre de ces contrées, et qui, à plusieurs épo-ques, y avait exercé, soit d'une manière absolue, soit à condi-tion d'hommage et de tribut, une autorité toujours révé-rée. Quelques historiens ont essayé de rattacher à cette fa-mille le Bocchus qui gouvernait la Mauritanie au temps de Jugurtha. Quoi qu'il en soit de cette origine reculée, les Abd-el-Ouad jouissaient, au temps de la conquête arabe, d'une puis-sance incontestée. Alliés presque constamment avec les khalifes

Ommiades d'Espagne qu'ils reconnaissaient pour suzerains, et dont ils servaient les haines contre les Abassides, ils trouvèrent dans ces haines même et dans les rivalités des deux dynasties les moyens de se maintenir longtemps au pouvoir. Depuis ils s'étaient attachés, suivant les vicissitudes des temps, à la fortune des royautés diverses qui se partageaient l'Afrique, appelant tantôt les Fathemites, tantôt les Zéïrides, tantôt les Ommiades. Après s'être éclipsés sous les deux dynasties des Almoravides et des Almohades, ils reparaissent sur le déclin de ces derniers pour se partager leurs dépouilles. Forts de leur influence dans le pays, et surtout de la faiblesse toujours croissante des Almohades, ils se soulevèrent contre les derniers princes de cette race, et s'emparèrent de Tlemcen, sous la conduite de Jaghmourasem-ben-Zian, dont les successeurs prirent le nom de *Beni-Zian* ou Zianites.

A partir de ce moment Tlemsen, devint entre leurs mains la capitale d'un royaume qu'ils perdirent quelquefois, dans leurs luttes contre les Mérinites de Maroc ou contre les Hafsitas de Tunis, mais qu'ils reconquirent toujours, jusqu'au moment où la domination turque vint s'établir, au temps de Barberousse, au centre et à l'est de l'Afrique septentrionale.

Il serait aussi long que fastidieux de suivre l'histoire de toutes les guerres que ces trois dynasties se firent entre elles, sans compter les révoltes particulières qui éclatèrent dans chacun de ces états pendant une période de plus de deux cents ans. Dans ces tristes annales ne se détache qu'un seul fait historique important: c'est la conquête d'une partie du royaume de Tlemcen par Abou-Faris de Tunis, qui forma de la ville de Bougie et de ses dépendances un royaume qu'il laissa en mourant au plus jeune de ses fils, nommé Abdulhasiz. Ce dernier continua la guerre commencée par son père contre Abou-Hamon, dernier roi Zianite de Tlemcen, avec autant d'ardeur que de succès. Il soumit la ville importante d'Alger, et bientôt il se serait emparé de tout le royaume, si Abou-Hamon n'eût appelé les Chrétiens à son secours. Bientôt leur apparition en Afrique changea la face des affaires.

LES ESPAGNOLS S'EMPARENT D'ORAN, DE BOUGIE, ETC.

Le quinzième siècle avait été témoin de deux grands événements qui, bien que passés en dehors de l'Afrique, et semblant étrangers à son histoire, n'en eurent pas moins une grande influence sur ses destinées. Le premier est la prise de Constantinople par les Turcs, et la chute de l'empire grec (1454); le second est la prise de Grenade par les souverains de Castille et d'Aragon, et la chute de l'empire arabe d'Espagne (1492). Ce dernier événement avait un grand retentissement en Afrique. Une foule de Maures, chassés des royaumes de Grenade, de Valence, d'Aragon, étaient venus chercher un asile chez leurs coreligionnaires du Maghreb. Toutes les villes du littoral, mais surtout Oran, étaient remplies de ces exilés, qui avaient apporté avec eux une haine implacable et un ardent désir de vengeance contre les Chrétiens qui les avaient expulsés de leur patrie. Aussi ils n'avaient pas tardé à armer des corsaires pour courir sur les bâtiments espagnols et faire des descentes sur les côtes, où ils portaient le pillage et l'incendie. La connaissance qu'ils avaient des localités et de la langue du pays favorisait ces expéditions, auxquelles enfin l'Espagne songea à mettre un terme.

Le cardinal de Ximenès, archevêque de Tolède, et premier ministre de Ferdinand V, forma le projet de s'emparer d'Oran, ville forte, riche, et presque entièrement peuplée de Maures fugitifs d'Espagne. Il offrit au roi de diriger lui-même cette expédition et d'en faire les frais. Bientôt, par les soins du cardinal, une armée et une flotte nombreuses furent réunies dans le port de Carthagène. Le commandement général des troupes fut donné à Pierre de Navarre, officier d'une grande habileté, mais sous la direction de Ximenès. L'expédition mit à la voile le 16 mai 1509, et le lendemain elle entra dans le port de Mers-el-Kébir, situé, comme nous l'avons dit, à quelques lieues d'Oran. La forte volonté du prélat assura le succès de l'entreprise en précipitant l'attaque. Oran fut rapidement enlevé. Après ce succès le cardinal retourna en Espagne, rapportant au roi les richesses qu'il avait enlevées à Oran.

Ce fut alors que le roi de Tlemcen, Abou-Hamon, voyant les Espagnols maîtres d'Oran, implora leur appui contre le roi de Bougie. Pierre de Navarre accueillit sa demande, à condition qu'il se reconnaîtrait tributaire du roi d'Espagne. Abou-Hamon accepta cette condition, et bientôt le général espagnol (janvier 1510), partit du port de Mers-el-Kébir avec une flotte composée de treize vaisseaux pour aller attaquer Bougie. Cette ville fut enlevée presque sans résistance, et livrée au pillage des soldats espagnols. Quelque temps après, Tripoli éprouva le même sort.

Les Algériens, craignant pour leur ville qui était trop faible pour résister aux forces des Espagnols, se mirent sous la protection d'un cheik puissant de la plaine de la Métidjah, nommé Selim-ben-Themi, qui exerçait une grande influence sur toutes les tribus environnantes. Il vint avec plusieurs braves Arabes de ses sujets, et amena avec lui sa femme Zaphira, et un fils âgé d'environ douze ans. Mais Selim ne put empêcher que, la même année, les Espagnols ne débarquassent proche d'Alger assez de troupes pour obliger la ville à faire hommage à Ferdinand, et à se rendre tributaire. Il fut encore contraint de laisser les Espagnols bâtir sur une petite île en face de la ville une forteresse, et dont l'artillerie menaçait sans cesse la ville et le port. Les Algériens supportèrent ce joug incommode et humiliant jusqu'à la mort de Ferdinand (1516); ils essayèrent alors de s'en affranchir. Mais Selim-ben-Tehmi ne se sentant pas capable, par ses propres forces, de délivrer ses compatriotes des craintes que leur inspirait le voisinage des Espagnols, s'adressa à un corsaire turc, nommé Aroudj, plus connu sous le nom de Barberousse, déjà célèbre dans la Méditerranée par sa valeur et ses brillants exploits.

AROUDJ BARBEROUSSE.

Aroudj, dit Barberousse, était fils d'un corsaire de Mételin et d'une espagnole d'Andalousie que son père avait prise sur mer. Il commença fort jeune le métier de corsaire sur un vaisseau turc, armé par des marchands de Constantinople, qui lui en donnèrent le commandement. Il se rendit directement sur les côtes de Barbarie, où l'on n'avait guère vu de navires de cette nation. Le roi de Tunis le reçut favorablement, et lui permit d'emmener dans ses ports les prises qu'il ferait, moyennant qu'il lui en donnât le dixième. Aroudj était secondé par son frère Khaïreddin, alors son lieutenant, et qui dans la suite devait jouer un plus grand rôle qu'Aroudj lui-même. Bientôt les deux frères firent un très grand nombre de prises, et entre autres s'emparèrent de deux galères du pape. Dans l'espace d'environ huit ans, Barberousse se vit à la tête de vingt-six galères toutes montées de Turcs et de Maures, et qui portaient la terreur sur toutes les côtes des états chrétiens de la Méditerranée. Le roi de Bougie qui avait été chassé de ses états par Pierre de Navarre, comme nous l'avons vu plus haut, l'appela à son secours, en lui promettant de grandes récompenses. Barberousse débarqua avec mille Turcs et Maures, et les réunissant aux troupes du monarque détrôné, ils attaquèrent ensemble les Espagnols; mais cette entreprise échoua, et Barberousse eut même le bras gauche emporté par un boulet de canon.

L'année suivante, il revint à la charge contre Bougie, avec aussi peu de succès; de sorte qu'il renonça entièrement à cette entreprise, et fit voile pour Gigery (Djijelli), à vingt lieues de Bougie. Il passa dans ce port l'automne et l'hiver. Les habitants de ce pays se trouvaient réduits à une affreuse disette par suite de la mauvaise récolte. Barberousse mit aussitôt à la voile, et revint bientôt avec trois vaisseaux chargés de blé, qu'il distribua aux habitants de la ville et aux Kabyles des montagnes d'alentour. Ce bienfait lui gagna tellement ces peuples, qu'ils lui donnèrent le titre de leur sultan. Ce fut au milieu de ce triomphe de sa vanité qu'il reçut les envoyés de Selim-ben-Tehmi. Ils venaient, au nom de Selim et des Algériens, le conjurer de les délivrer du joug espagnol, lui promettant une récompense proportionnée à l'importance d'un tel service. Barberousse saisit avec empressement l'occasion de s'emparer d'une ville et d'un port bien autrement importants que Djijelli, et même que Bougie, dont il avait vainement tenté de se rendre maître. Il donna une réponse très favorable aux envoyés, et marcha vers leur capitale.

BARBEROUSSE S'EMPARE D'ALGER, ET S'EN FAIT PROCLAMER ROI.

Barberousse envoya une flotte composée de dix-huit galères et de trente barques à Alger, tandis qu'il s'y rendait lui-même par terre avec tous les Turcs et Maures qu'il avait trouvés disposés à s'engager dans cette expédition. Cette diligence à les secourir remplit les Algériens d'espérance et de joie. Selim-ben-Tehmi, accompagné des principaux habitants, alla à sa rencontre à deux journées de la ville.

Ils rendirent à Barberousse les honneurs les plus signalés, et le conduisirent en triomphe à Alger, au milieu des acclamations du peuple. Il fut logé dans le palais de Selim, et ses troupes reçurent l'accueil le plus empressé de la part des habitants. Tant de soumission enhardit Barberousse dans le dessein qu'il avait formé de se rendre maître d'Alger et des provinces qui en dépendaient. Il fit part de son projet à son conseil, et ses officiers lui jurèrent de le seconder avec ardeur dans son exécution. Il fut convenu que jusqu'à ce moment le secret le plus inviolable serait gardé.

Cependant Barberousse, pour mieux tromper les Algériens, feignit de vouloir agir contre l'ennemi. Il éleva une batterie à la porte de la mer pour canonner le Pegnon ; c'est ainsi que se nommait le fort construit par les Espagnols ; mais son artillerie d'un trop faible calibre, et placée d'ailleurs à une trop grande distance, battit la place sans aucun effet, pendant un mois entier. Il renvoya alors cette expédition à un autre temps.

Selim commençait à s'apercevoir de la faute qu'il avait faite en demandant du secours à Barberousse, ce corsaire le traitant d'une manière hautaine, et ne daignant plus le consulter dans la direction des affaires. D'un autre côté, les soldats agissaient en maîtres dans la ville et à la campagne, et se livraient sans contrainte au désordre, et à une licence effrénée. Les habitants murmuraient, et leur mécontentement augmentant chaque jour, menaçait de se terminer par une révolte.

Barberousse jugea que le moment était venu d'exécuter son projet. Il regardait Sélim comme le seul obstacle qui pût s'y opposer ; il résolut d'abord de le renverser. Pour cela il n'hésita pas de commettre un crime qui eût révolté tout autre qu'un homme comme Barberousse. Un jour que Sélim était seul dans le bain, Barberousse le fit étrangler par un de ses satellites. Le corsaire arriva bientôt avec une nombreuse suite, sous prétexte de se baigner lui-même, selon sa coutume. Il affecta beaucoup de surprise et de chagrin de la mort de Sélim. On répandit le bruit que, selon toute apparence, il s'était évanoui, et qu'il était mort faute de secours. Barberousse ordonna aussitôt à ses troupes de prendre les armes, et, montant à cheval, il se mit à leur tête et parcourut toute la ville, comme pour montrer aux habitants que toute résistance à ses volontés serait inutile.

Pendant cette espèce de promenade militaire, ses soldats le proclamèrent roi d'Alger. De retour au palais de Sélim, il se plaça sous un dais où il reçut les hommages de ses officiers, tandis que les troupes, se dispersant dans les principales maisons de la ville, annonçaient cet événement aux habitants, et les requéraient au nom du nouveau souverain de venir incessamment lui prêter serment de fidélité. Refuser eût été s'exposer à la mort ; ils se rendirent donc à cette invitation avec l'empressement de la crainte ; ils prêtèrent le serment exigé, et signèrent l'acte du couronnement d'*Aroudj, sultan d'Alger;* car c'est là le titre que prit Barberousse et qu'il fit graver sur les monnaies.

Il fit ensuite proclamer son couronnement, et promit de gouverner son peuple avec équité. Il fit aussi publier un édit pour le maintien de l'ordre et de la discipline la plus exacte.

Le fils du prince Sélim, persuadé que le tyran lui préparait le sort de son père, se retira secrètement à Oran, accompagné seulement de deux domestiques. Il s'y mit sous la protection de l'Espagne, et fut reçu du marquis de Gomarez, gouverneur de la place, avec toute l'affection et le respect dû à sa jeunesse, à sa naissance et à ses malheurs. Quant à la veuve de Sélim,

Saphira, elle se donna la mort, plutôt que d'épouser Barberousse qui avait osé lui proposer cette odieuse alliance.

ADMINISTRATION ET MORT D'AROUDJ BARBEROUSSE.

La cruauté, la perfidie de Barberousse, qui le rendaient odieux à ses nouveaux sujets, n'avaient point diminué l'attachement que lui portaient les soldats turcs. Il était intrépide, audacieux, heureux dans ses entreprises, libéral envers ceux qui le servaient, et ces qualités étaient plus que suffisantes pour effacer à leurs yeux tous ses défauts. Quand le bruit de son élévation sur le trône d'Alger se fut répandu, il vit accourir à lui, de tous les points de la Méditerranée, tous les forbans turcs, auxquels jusque là il n'avait manqué qu'un lieu de ralliement, un centre d'opérations, et surtout un chef habile. Khaïreddin, appelé par son frère, vint aussi lui apporter le secours de son courage, prêt à le suppléer et à le remplacer au besoin. Ce n'était pas trop en effet de la réunion des deux frères contre les nombreux ennemis que leur puissance naissante allait soulever.

Le roi de Tlemcen, Abou-Hamon, voyait avec inquiétude le puissant voisin qui fondait près de lui, et avec des lambeaux arrachés à ses états, un autre état déjà redoutable. Secondé puissamment par le fils de Sélim-ben-Tehmi, réfugié à Oran, Abou-Hamon décida les Espagnols d'Oran à tenter une expédition contre Alger, leur faisant entrevoir qu'il serait facile d'en chasser un usurpateur encore mal affermi sur le trône, et entouré d'une population qui le détestait. Le marquis de Gomarez se laissa persuader, et après avoir pris les ordres de son gouvernement, il dirigea contre Alger une expédition commandée par don Diégo de Véra.

La flotte espagnole portait dix mille hommes de débarquement ; elle croyait surprendre Alger ; mais Barberousse avait prévu les desseins de ses ennemis, et se tenait prêt. Les Espagnols furent surpris eux-mêmes, au moment où ils débarquaient, et où déjà ils se livraient au pillage de quelques maisons voisines du rivage. Vigoureusement attaqués par les Turcs et par les Maures, sous les ordres de Barberousse lui-même, ils furent taillés en pièces; ceux qui parvinrent à se rembarquer n'échappèrent pas tous encore à la mort, car une tempête acheva ce qu'avait commencé Barberousse, et fit périr la plus grande partie de la flotte (1517).

Après cette victoire, qui lui assura une grande prépondérance dans le pays, Barberousse reporta dans Tlemcen la guerre que le souverain de cet état avait provoquée contre Alger. Il avait en même temps à se venger et à s'agrandir. Les habitants de Tlemcen voyaient avec indignation leur roi Abou-Hamon allié et tributaire des Chrétiens. Barberousse, qui n'ignorait pas ces dispositions, les excita à la révolte, en leur promettant de favoriser les prétentions d'Abou-Zian-Mesaoud, neveu d'Abou-Hamon, et qui avait plus de droits au trône que son oncle. Bientôt le soulèvement éclate, et Abou-Hamon, abandonné de tout le monde, se réfugie à Oran. Barberousse se rend aussitôt à Tlemcen, et fait proclamer Abou-Zian-Mesaoud; mais bientôt, renouvelant la scène d'Alger quand il voulut s'en faire proclamer roi, il fait étrangler Abou-Zian et ses fils, et s'empare du royaume de Tlemcen.

Cependant le roi dépossédé, Abou-Hamon, eut encore une fois recours à ses anciens alliés les Espagnols. Par ordre de Charles-Quint, le marquis de Gomarez, gouverneur d'Oran, s'apprêta à faire remonter sur le trône le suppliant Abou-Hamon.

L'expédition eut un plein succès; les habitants de Tlemcen, indignés de la perfidie de Barberousse, s'empressèrent d'ouvrir leurs portes aux troupes espagnoles. Barberousse était sorti de Tlemcen par une porte opposée à celle par laquelle entraient les Espagnols. Gomarez s'empressa de le poursuivre, et l'atteignit sur les bords de l'Oued-el-Malech (Rio-Salado). En vain, pour arrêter par la cupidité la marche des Espagnols, Barberousse fit semer derrière ses pas de l'or, de l'argent, ses bijoux, sa vaisselle; il fut atteint dans sa fuite, et périt vaillamment en se défendant.

KHAÏREDDIN BARBEROUSSE PACHA D'ALGER (1518).

La mort d'Aroudj jeta la terreur parmi ses soldats et ses marins. Déjà ils parlaient d'abandonner les côtes d'Afrique, et de retourner dans les mers du Levant; mais Khaïreddin, surnommé aussi Barberousse, frère et sucesseur du défunt, ne se laissa pas intimider par les dangers de sa position. Il prit des dispositions fort sages pour conserver ses conquêtes, et ranima le courage et l'espérance dans le cœur de ses compagnons d'armes.

Encouragé par le succès de l'expédition de Tlemcen, Charles-Quint tenta, en 1518, une seconde expédition sur Alger. Le commandement en fut confié au marquis de Moncade; mais elle fut encore plus malheureuse que la première. Une affreuse tempête fit périr la moitié de la flotte, composée de vingt-six vaisseaux, et l'armée espagnole perdit 4,000 hommes. Cet événement consolida le pouvoir de Khaïreddin; cependant, pour affermir son autorité d'une manière plus solide, il résolut de renoncer au vain titre de roi qu'avait pris son frère, et il offrit à Soliman Ier, empereur des Turcs, de tenir de lui les provinces algériennes, avec le titre de pacha ou vice-roi.

Soliman ne se contenta pas d'accepter l'offre de Khaïreddin, mais il lui envoya aussitôt de l'artillerie, de l'argent et un renfort de six mille janissaires. Par là Khaïreddin se vit maître absolu des Arabes et des Maures, et ces derniers furent réduits insensiblement dans l'esclavage, sans oser même s'en plaindre.

Le nouveau pacha resta désormais tranquille dans Alger, sans crainte ni danger, bien gardé par ses Turcs, et voyant augmenter de jour en jour sa puissance et ses richesses par le nombre de ses corsaires, et par les prises qu'il faisait sur mer. La Porte-Ottomane avait soin de lui envoyer tous les ans des recrues et des fonds pour payer les troupes. Plusieurs Turcs du Levant, chargés de crimes, se réfugiaient à Alger, ainsi qu'une foule de misérables privés de toute ressource. Peu à peu le nombre en devint considérable, et les Turcs se trouvèrent en état de résister aux Chrétiens, et de dompter entièrement les Arabes et les Maures.

Bientôt Khaïreddin exécuta un projet qu'il méditait depuis longtemps : c'était de détruire la forteresse des Espagnols, nommée le Pégnon, qui incommodait beaucoup la ville par son voisinage. Il tenta d'abord de s'emparer de ce fort par la ruse. Il y envoya deux jeunes Maures, qui s'y introduisirent sous prétexte qu'ils voulaient embrasser la religion chrétienne. Ils jouèrent si bien leur rôle, que le gouverneur les accueillit avec bienveillance et les garda chez lui pour les faire instruire avant que de les baptiser.

Le jour de Pâques, tandis que le gouverneur était à l'église avec toute la garnison, les deux jeunes Maures, dont personne ne se défiait, montèrent sur une tour, et firent des signaux du côté de la ville avec la mousseline de leurs turbans. Déjà des barques, chargées d'hommes armés, se disposaient à quitter le rivage, quand un domestique s'aperçut de ce qui se passait et se hâta d'en avertir son maître. Celui-ci fit mettre aussitôt la garnison sous les armes, les canonniers coururent à leurs pièces, et toute surprise devint impossible. Les deux jeunes Maures, arrêtés et interrogés, avouèrent qu'ils avaient été envoyés pour épier le moment favorable de surprendre le fort. Ces deux espions furent pendus sur-le-champ, à une potence fort élevée, d'où ils pouvaient être aperçus de la ville.

Khaïreddin fut si irrité, qu'il jura de ne se donner aucun relâche qu'il n'eût pris ou détruit le fort. Dès le même jour, il envoya sommer le commandant Martin de Vergas de se rendre, promettant, en ce cas, de lui accorder une capitulation honorable; au lieu que, si la place était emportée de force, il ferait passer toute la garnison au fil de l'épée. Le commandant répondit fièrement qu'il était Espagnol, qu'il méprisait également ses offres et ses menaces.

Cette réponse aigrit tellement les Turcs, qu'ils jurèrent sur le Koran, dans un divan assemblé à cet effet, de commencer le siége, et de ne le point abandonner sans avoir tous péri ou emporté le fort. Le même jour, Khaïreddin fit dresser une batterie qu'il arma de la grosse artillerie d'un navire français, récemment échoué sur la côte; cette batterie canonna le fort pendant quinze jours, sans interruption, en même temps que tous les vaisseaux disponibles du pacha l'attaquaient par mer. Ce feu terrible avait ruiné une partie des murailles de la forteresse, et la garnison ne faisait plus qu'une faible résistance. Barberousse jugea alors qu'il pouvait donner l'assaut. Il fit embarquer deux mille Turcs dans des galiotes à rames, et s'étant mis à leur tête, il arriva au pied du fort sans aucune opposition. Il entra dans la place sans coup férir ; il trouva le gouverneur dangereusement blessé, et presque toute la garnison tuée ou hors de combat. Il fit transporter le commandant dans la ville, où il fut traité et guéri de ses blessures : mais il souilla bientôt la gloire que sa victoire venait de lui acquérir, en faisant périr sous le bâton le malheureux Martin de Vergas.

Aussitôt qu'il se vit maître de la forteresse espagnole, Barberousse songea à tirer de cette position le parti le plus avantageux possible. Il fit construire un môle pour unir la ville d'Alger à l'île, et former un port qui pût mettre ses vaisseaux à l'abri des vents du nord et de la haute mer. Trente mille esclaves chrétiens travaillèrent sans interruption à cet ouvrage gigantesque, qui fut achevé en trois ans. Il fit ensuite réparer le fort, y mit une garnison, et établit des batteries pour défendre l'entrée du port.

La prise du Pégnon et l'exécution de ces importants travaux rendirent Khaïreddin plus redoutable aux Arabes, aux Maures, et surtout aux Espagnols. A présent il se voyait en état de fondre sur leurs vaisseaux marchands qui naviguaient sur les côtes de Barbarie, et de faire de fréquentes courses ses les côtes d'Espagne. Alger était désormais un repaire assuré où les forbans pouvaient en sécurité transporter leurs captifs et leur butin.

Khaïreddin fit part de tout ce qu'il avait fait au grand-seigneur, et lui demanda en même temps des fonds pour construire un fort plus considérable, et élever des batteries aux endroits où l'on pourrait opérer quelque descente. On lui accorda tout ce qu'il demandait, et en même temps on travailla aux fortifications qu'on a toujours augmentées depuis.

La renommée dont jouissait Barberousse dans tous les états

islamiques fit jeter les yeux sur lui, par le sultan Soliman, pour l'opposer à André Doria, qui passait pour le plus grand homme de mer de cette époque. Khaïreddin confia le gouvernement d'Alger à un renégat nommé Hassan Aga, d'origine sarde, vieux guerrier d'une bravoure à toute épreuve : il partit ensuite pour Constantinople (1533), où il prit le commandement de la flotte turque, en qualité de capitan-pacha (amiral).

Le reste de la vie de Khaïreddin se passa à porter le ravage sur les côtes d'une partie de la chrétienté, et à tenter des expéditions qui le couvrirent de gloire et lui procurèrent d'immenses richesses. Mais le détail de ces événements étant étranger à l'histoire de l'Algérie, ne saurait trouver place dans cet ouvrage. Nous ne parlerons que de son expédition de Tunis, dans laquelle il soumit ce royaume aux armes du sultan. Mais il en fut chassé, en 1536, par l'empereur Charles-Quint, qui s'empara de Tunis, et délivra vingt-cinq mille esclaves chrétiens qui s'y trouvaient.

Khaïreddin ne revint plus à Alger ; il mourut en 1548, comblé d'honneurs et de richesses, dans une maison de campagne qu'il possédait près de Constantinople.

On peut regarder les deux Barberousse, Aroudj et Khaïreddin, comme les véritables fondateurs de la constitution oligarchique conservée par la régence algérienne jusqu'en 1830. Par eux s'exerça, sous la dépendance nominale du sultan de Constantinople, la souveraineté du chef de la milice turque (*Odjak*, nom donné aux compagnies de janissaires). Le titre de ce chef varia depuis. Mais, dans tout ce qu'elles avaient de fondamental, les institutions établies par eux ont subsisté. Leur principe reposait sur la concentration entre les mains des Turcs de tous les pouvoirs militaires, surtout dans les villes, et l'exclusion sévère des indigènes de toute participation à l'autorité. L'Odjak se recrutait d'ailleurs, au besoin, et sans aucun choix, des éléments les plus hétérogènes. Plus d'une fois des renégats ont figuré à la milice, et ont été revêtus du titre de pacha. L'Odjak, constitué au sein de la régence en corps isolé et permanent, n'a pas subi, depuis sa fondation, de modifications importantes (1).

⊶⊶⊷⊶⊷⊷⊷

CHAPITRE III.

Hassan-Aga. — Expédition de Charles-Quint contre Alger. — Mort de Hassan. — Hassan, fils de Barberousse, Salah-Réïs, Hassan-Corse, Méhémed, Och-Ali, Ramadan le Sarde, etc., successivement pachas d'Alger. — Etablissement des consuls européens à Alger. — Relations de la France avec la régence d'Alger. — Accroissement de la marine algérienne dans le dix-septième siècle. — Période du gouvernement des agas.— Déchéance des pachas. — Expédition du duc de Beaufort. — Fin du gouvernement des agas. — Nouveau traité avec la France. — (1536-1672.)

HASSAN-AGA. — EXPÉDITION DE CHARLES-QUINT CONTRE ALGER.

HASSAN-AGA ayant pris possession du gouvernement d'Alger, tourna toute son attention et ses efforts vers l'accroissement de ses forces navales. Ses nombreux corsaires portèrent le ravage sur les côtes d'Espagne et d'Italie, avec plus de succès que jamais. Le pape Paul III en fut si alarmé, qu'il sollicita vivement Charles-Quint de prendre les armes pour réprimer ces pirates. Ce prince, qui voyait la puissance d'Alger s'augmenter tous les jours, et qui comprenait tous les malheurs qui pouvaient en résulter pour la chrétienté, pensait depuis longtemps à l'anéantir. Le succès qui avait couronné son expédition de Tunis lui promettait une issue non moins

(1) Nous avons emprunté une partie de ces détails aux documents publiés par le gouvernement, sous le titre de *Tableau des établissements français dans l'Algérie.*

favorable devant Alger. Des raisons particulières pressaient encore l'empereur de tenter cette entreprise. La perte du fort du Pégnon, la cruauté exercée envers le commandant, les hostilités que ces corsaires commettaient tous les jours contre ses sujets espagnols, étaient en quelque sorte autant d'injures personnelles qu'il avait à venger. Puis de plus hautes considérations concouraient à le déterminer ; il voyait dans la soumission de la ville et du royaume d'Alger un acheminement à la conquête de tout le nord de l'Afrique, projet qui flattait tout à la fois son ambition et son zèle pour la religion chrétienne.

Depuis longtemps Charles-Quint se préparait à cette expédition. Les vice-rois de Naples et de Sicile avaient fait des levées de vieux soldats. En Espagne, beaucoup de jeunes gens de la noblesse s'étaient enrôlés pour combattre et se distinguer sous les yeux de leur souverain. Fernand Cortez, le conquérant du Mexique, se présenta comme volontaire avec ses trois fils. Dans l'Italie, les Colonne, les Doria et les Spinosa rassemblèrent les meilleures troupes du pays. De nombreux chevaliers de Malte, toujours disposés à se signaler contre les ennemis de la chrétienté, vinrent aussi offrir leurs services.

Les troupes, réunies sur les côtes d'Espagne et sur celles de l'Italie, furent embarquées sur les flottes d'Espagne et de Gênes, réunies toutes les deux sous les ordres d'André Doria, l'amiral le plus célèbre de cette époque. Ces préparatifs avaient demandé beaucoup de temps, et la saison était avancée quand tout fut prêt pour mettre à la voile. André Doria et le pape Paul III firent tous leurs efforts auprès de Charles-Quint pour l'engager à remettre l'exécution de son projet au printemps suivant, et à ne pas exposer sa flotte aux dangers inévitables qu'elle aurait à courir sur les côtes d'Alger, où les vents d'automne sont si violents. Rien ne put l'arrêter : il s'embarqua le 1er octobre 1541, à Porto-Venere, et se rendit, non sans beaucoup de difficultés, à Majorque, lieu du rendez-vous des flottes combinées. La flotte d'Espagne arriva la dernière ; quelques-uns de ses vaisseaux, que le mauvais temps empêcha de rallier, avaient fait voile directement sur Alger.

Le 18 octobre, la flotte, composée de 70 galères et de plus de

400 bâtiments de moindre dimension, partit de Majorque, se dirigeant sur la côte d'Afrique. L'armée de débarquement était forte de vingt mille hommes d'infanterie et deux mille de cavalerie, Espagnols, Allemands, Bourguignons, Italiens et Maltais, pour la plupart de vieux soldats.

Il est impossible d'exprimer la consternation où la vue de cette flotte jeta la ville d'Alger. Elle était assez bien fortifiée du côté de la mer; mais du côté de la terre elle n'avait qu'une simple muraille sans aucun ouvrage avancé. Dans ce moment la garnison ne consistait qu'en 800 Turcs et en 6,000 Maures peu aguerris et sans armes à feu ; le reste des Turcs était alors en campagne pour exiger les tributs des Arabes et des Maures. Le divan s'assembla pour délibérer sur le parti qu'on devait prendre ; il fut résolu de se défendre le mieux qu'on pourrait dans la ville, sans exposer les troupes à périr pour empêcher le débarquement, en attendant celles qui étaient dans la campagne, et qui devaient être bientôt de retour.

La flotte impériale mouilla près du cap Matifou, à deux lieues d'Alger. L'empereur débarqua avec toutes ses troupes sans opposition, et s'avança au bruit des trompettes et des timbales sur une colline qui domine la place (Sidi-Jacoub), où il fit planter l'étendard du Christ (22 octobre). Les troupes qui travaillaient nuit et jour avec zèle et courage, sous les yeux de leur souverain, élevèrent rapidement un ouvrage considérable, qui a retenu le nom de *Fort de l'Empereur*. Il dominait et menaçait la Kasbah ou citadelle, qui, mal armée à cette époque, ne pouvait opposer qu'une faible résistance. Le camp fut dressé à couvert de l'artillerie de ce fort, et près d'une source qui fournissait toute l'eau qu'on avait dans la ville. Cette source fut détournée, et les habitants se virent réduits à boire une eau gâtée et corrompue.

L'empereur fit alors sommer Hassan de rendre la place à discrétion, sous peine d'être passé au fil de l'épée, avec toute la garnison, si la ville était emportée d'assaut. L'envoyé, pour l'y déterminer, lui représenta la puissance de l'empereur et ses orces de terre et de mer. Il y ajouta des offres de sommes considérables, et il conclut par l'exhorter à profiter de cette occasion pour retourner dans sa patrie, et pour rentrer en même temps dans le sein de l'Eglise, dont le malheur de sa fortune l'avait arraché. Hassan l'écouta tranquillement, et pour toute réponse lui dit : « Que c'était une folie de donner des conseils » à son ennemi ; mais que ce serait une plus grande folie en- » core d'écouter les conseils donnés par un ennemi ; » et là-dessus il congédia le parlementaire. D'autres prétendent que la réponse du pacha fut moins hautaine ; suivant eux, il reconnais-sait qu'il ne pouvait se défendre contre une armée aussi formi-dable, mais que la proposition de se rendre à discrétion était fort dure, et qu'il demandait quelques jours pour délibérer avec son divan.

Mais tandis que le divan était assemblé pour aviser aux moyens les plus propres à obtenir une capitulation honorable, on apprit que les troupes du gouvernement de l'ouest devaient arriver incessamment ; ce qui fit résoudre le divan à tenir bon autant qu'il serait possible. Une tradition populaire, conservée longtemps dans le pays, donne à cette détermination une autre cause. On raconte qu'un fou nommé Jsouf, qui était en grande vénération parmi le peuple (1); se présenta au divan, et demanda la permission de parler ; on la lui accorda, et il s'exprima en ces termes : « Seigneur Hassan, et vous ministres et grands » du royaume, et vous gens savants dans la loi, prenez bon cou- » rage.... Dieu délivrera son peuple des mains des infidèles, » malgré leur nombreuse et puissante armée, arrivée si subite- » ment sur nos rivages qu'on la dirait enfantée par les flots de » la mer. Nous sommes dépourvus de tout pour lui résister ; » mais le Dieu de Mahomet combattra pour nous. Avant la fin » de la lune nous verrons périr leurs vaisseaux et leur armée. » La ville sera libre et triomphante. Leurs biens et leurs armes » seront notre proie ; nous aurons pour esclaves ces mêmes » hommes qui ont élevé des forts pour nous attaquer, et ces » forts serviront désormais à notre défense ; peu de ces gens » aveugles et endurcis retourneront dans leur patrie. Gloire

_____

(1) Les fous, d'après les préceptes du Koran, sont l'objet d'une sorte de vénération chez les Musulmans.

» soit au seul Dieu tout-puissant et miséricordieux, et à Ma-
» homet son prophète ! » Il n'eut pas plutôt fini que le peuple
qui l'environnait jeta des cris d'allégresse, et le divan
résolut de résister jusqu'à la fin de la lune. Cette prophétie,
évidemment après coup, obtint, dit-on, plus de crédit
sur un peuple ignorant et superstitieux, que le récit simple
des véritables causes qui avaient entraîné la détermination du
divan.

Le 27, Charles-Quint fit commencer l'investissement de la
place, et le fort de l'Empereur ouvrit un feu nourri contre la
Kasbah qui ne se défendait que faiblement. Mais dans la soirée
un vent violent du nord-ouest amena des nuages qui crevèrent
et vomirent pendant toute la nuit des torrents d'une pluie
froide, accompagnée de grêle, d'éclairs et d'un tonnerre épouvantable ; les lits des plus petits cours d'eau devinrent en un
instant des rivières rapides et profondes ; les nombreuses fla-
ques d'eau, qui couvraient inégalement la surface du sol, em-
pêchaient de reconnaître les fossés et les cavités dangereuses ;
la terre fortement détrempée s'enfonçait sous les pas des hommes et des chevaux. La flotte n'avait pas moins à souffrir que
l'armée de terre : la mer soulevée par la tempête roulait ses
vagues impétueuses sur la côte ; les vaisseaux, arrachés de
leurs ancres, se brisaient les uns contre les autres, ou échouaient
contre les écueils qui les mettaient en pièces ; en sorte que,
dans une seule nuit, quelques-uns disent en moins d'une demi-
heure, il périt quinze galères et quatre-vingt-six bâtiments de
transport, avec leurs équipages et toutes les provisions de l'armée. Plusieurs officiers de galères tâchaient d'échouer le long
de la côte pour se sauver ; mais ils périrent ou furent massacrés
par les Arabes.

Le lendemain (28), quand le jour parut et que la tempête
fut un peu apaisée, l'armée, à la vue du spectacle désolant qui
s'offrit à ses regards, fut saisie de terreur. Autour d'elle la
terre avait changé d'aspect ; des arbres déracinés, les canons
enfoncés dans une boue épaisse dont il était impossible de les
arracher, les communications, les transports interrompus
sur ce terrain mouvant, tels furent les objets qui frappèrent

d'abord sa vue. Mais la mer présentait un aspect bien plus épouvantable encore : on n'apercevait sur les flots agités que des navires brisés, des pièces de bois flottantes, des corps d'hommes et de chevaux roulés sans vie sur le rivage. A tant de calamités s'en joignait une autre plus effrayante encore : cette armée si nombreuse manquait de vivres, il n'y avait plus moyen de s'en procurer, et la faim s'avançait menaçante et plus horrible que tous les autres fléaux.

Hassan, profitant de la stupeur dont les Chrétiens étaient frappés, fit une sortie et tailla en pièces trois compagnies qui occupaient le pont de Bab-Azoun. Il se retira, mais il revint ensuite et culbuta les chevaliers de Malte. L'empereur vint lui-même à leur secours avec une division allemande, et força l'ennemi à la retraite.

Dans ce désastre, Doria sut conserver sa présence d'esprit. Il rallia les débris de la flotte au cap Matifou, et écrivit à l'empereur pour le conjurer d'abandonner son projet, et de se rembarquer avec le reste de son armée. Vaincu par tant de calamités, Charles-Quint ordonna la retraite. Dans cette malheureuse circonstance, il se conduisit en homme de cœur : il resta constamment au milieu de ses troupes, se priva de tout pour subvenir aux besoins du soldat, et fit tuer les chevaux pour alimenter l'armée.

Le 29, les Espagnols quittèrent leurs positions devant Alger, et allèrent camper sur les bords de l'Arrach, qui était tellement gonflée qu'il leur fut impossible de la passer à gué, comme on l'avait espéré ; un pont fut construit pendant la nuit, et le lendemain l'armée passa. L'Hamise, que l'on rencontre avant d'arriver au point de l'embarquement, nécessita encore la construction d'un pont ; l'armée campa sur la rive droite, et le 31, elle commença à se rembarquer. Mais la précipitation que les soldats mirent à cette opération occasionna un désordre dont les Musulmans profitèrent pour attaquer les Chrétiens. Ils en firent un grand carnage, et en prirent six mille qu'ils emmenèrent en esclavage.

Enfin la flotte mit à la voile ; mais elle n'était pas encore à la fin de ses malheurs. Trois heures après, elle fut assaillie par une nouvelle tempête et dispersée ; plusieurs vaisseaux périrent, un entre autres où il y avait sept cents soldats espagnols, qui fit naufrage à la vue de l'empereur sans qu'on pût le secourir. Enfin, après tant de désastres, les Chrétiens arrivèrent au port de Bougie, qui appartenait encore aux Espagnols (2 novembre). Là Charles-Quint, après avoir fait reposer ses troupes et réparer les principales avaries de ses vaisseaux, remercia les généraux qui l'avaient accompagné, et les laissa chacun libre de prendre telle route qu'il leur plairait pour retourner chez eux ; lui-même il partit le 16, et rentra en Espagne par Carthagène. Ainsi fut terminée une expédition qui semblait devoir anéantir tous les pirates barbaresques, et qui ne servit qu'à accroître leur audace.

Les pertes de l'armée avaient été immenses. On avait laissé dans les tranchées d'Alger toute l'artillerie et les munitions de guerre ; cent cinquante galères ou navires périrent dans les deux tempêtes, trois cents officiers de terre et de mer, et huit mille soldats et matelots furent noyés ou tués par les Turcs, quand l'armée se rembarqua. Quant au nombre des prisonniers, il fut si considérable qu'on en vendit à Alger à raison d'un ognon par tête.

Nous avons cru devoir raconter avec quelques détails l'expédition de Charles-Quint, parce qu'elle est la plus importante qui ait été tentée contre Alger avant celle des Français en 1830. Nos lecteurs ne seront pas fâchés de comparer entre elles ces deux expéditions, qui avaient les mêmes moyens d'exécution, et qui ont eu un résultat si différent.

MORT DE HASSAN. — HASSAN, FILS DE BARBEROUSSE. — SALAH-REIS. — HASSAN-CORSE. — HÉHÉMED. — OCHALI. — RAMADAN LE SARDE, ETC., SUCCESSIVEMENT PACHAS D'ALGER.

Après cette victoire facile, où les éléments avaient combattu pour lui, Hassan reçut des Turcs le surnom de *Gazi* (le Victorieux). Il profita de l'ascendant que lui donnait cet événement heureux pour consolider dans la province de Tlemcen l'influence algérienne, qui préparait ainsi peu à peu la soumission de tout l'ancien royaume des Zianites. Peu de temps après son retour de l'expédition de Tlemcen, Hassan fut attaqué d'une fièvre violente qui l'emporta dans la soixante-sixième année de son âge.

Soliman lui donna pour successeur Hassan, fils de Khaïreddin-Barberousse. Ce jeune homme, né à Alger, n'avait que vingt-huit ans quand il fut élevé à la dignité de pacha. Il eut une guerre sanglante à soutenir contre les chérifs de Fez, qui fondaient alors le nouvel empire de Maroc, et qui élevaient des prétentions sur le royaume de Tlemcen, devenu tributaire d'Alger. Hassan remporta sur eux une victoire signalée dans les environs de Mostaganem, et il laissa dans Tlemcen une garnison de 1,500 Turcs, commandés par le kaïd Sepher.

Peu de temps après cette victoire, Hassan, desservi auprès du divan de Constantinople par de puissants ennemis, se vit obligé, malgré le grand nom de son père, de résigner le pouvoir entre les mains de Salah-Reïs, chef habile, et corsaire déjà célèbre. Dès que celui-ci fut installé, il songea à rentrer en possession des villes restées encore au pouvoir des infidèles. Les villes appartenant aux Espagnols sur la côte d'Afrique n'étaient plus qu'au nombre de quatre : Bougie, Oran, Ceuta et Melila. Salah-Reïs alla mettre le siège devant Bougie, qui capitula bientôt; il étendit ensuite la domination algérienne au-delà de l'Atlas, et s'empara de Biscara, de Tuggurt et de tout le district de l'Ourgla. Il se disposait à aller reconquérir Oran, quand il fut arrêté par la mort.

La milice d'Alger élut à la place de Salah-Reïs, en attendant les ordres de la Porte, son favori Hassan, renégat originaire de l'île de Corse. Il n'était pas moins aimé des janissaires qu'il ne l'avait été du pacha défunt, sous lequel il avait servi en qualité de bey ou commandant général des troupes de terre avec beaucoup de réputation. Entreprenant et brave, il affermit par de nombreux exploits les conquêtes de son prédécesseur, et il put penser un instant que c'était à lui qu'était réservée l'expulsion des Chrétiens d'Oran. Cette place allait tomber entre les mains des Algériens, lorsqu'un pacha du nom de Tekeli vint enlever au corse Hassan l'exercice de l'autorité souveraine. Les janissaires d'Alger prirent unanimement la résolution de ne le point recevoir, mais de continuer Hassan dans le gouvernement, et d'en prévenir la Porte. Cependant Tekeli parvint à s'introduire par ruse dans la ville dont on lui avait refusé l'entrée, et à l'aide d'un parti nombreux, ennemi des janissaires, il se rendit maître du palais et de la personne du corse Hassan.

Le malheureux renégat fut condamné au supplice du *chinhun*, c'est-à-dire à être précipité du haut des remparts de la ville sur des crocs de fer attachés dans la muraille à quelques pieds d'élévation au-dessus du sol. Il y demeura suspendu sur le côté droit trois jours entiers, et expira dans les plus affreux tourments. Mais les janissaires ne tardèrent pas à venger la mort de leur pacha chéri; ils se soulevèrent et massacrèrent Tekeli. C'est ainsi que cette milice indisciplinée préludait à l'indépendance où elle ne tarda pas à se placer à l'égard de la Porte-Ottomane.

Hassan, fils de Khaïreddin, fut nommé pour la deuxième fois pacha d'Alger, en remplacement de Tekeli. Ce choix satisfit tout le monde, et apaisa toutes les dissensions. Les Espagnols d'Oran avaient cru pouvoir profiter des troubles qui suivirent la mort de Salah-Reïs pour rentrer en possession de Mostaganem. Le comte d'Alcaudète, gouverneur d'Oran, obtint du roi d'Espagne un renfort de douze mille hommes pour cette expédition. Il se mit à la tête de la moitié de ces forces, donna le commandement du reste à son fils, don Martin de Cordoue, et s'avança sur Mostaganem. Hassan accourut au secours de cette ville avec cinq mille janissaires, mille spahis, et douze pièces de campagne; il fut rejoint en route par seize mille Maures du voisinage. Les deux armées se rencontrèrent à peu de distance de Mostaganem, et le combat fut bientôt engagé. Les Espagnols furent mis en pleine déroute; le comte d'Alcaudète fut tué en combattant vaillamment; son fils don Martin de Cordoue fut fait prisonnier avec douze mille Chrétiens (26 août 1558). Hassan, chargé de butin, retourna à Alger, où il fut reçu en triomphe.

C'est vers ce temps que la compagnie des marchands de Marseille commença, avec la permission d'Hassan, à faire construire un fort sur cette côte, à quelque distance de la Calle. Ce fort était appelé le *Bastion des Français*; il était destiné à servir de magasin pour le blé que les Marseillais achetaient dans ces parages, et de retraite à leurs pêcheurs de corail. Nous remarquerons, à cette occasion, que, de toutes les puissances chrétiennes, la France était la seule qui vécût à peu près en bonne intelligence avec Alger, et dont ses pirates respectassent le pavillon. C'était une suite de l'alliance contractée entre François Ier et les rois ses successeurs avec les sultans de l'empire ottoman. Mais, tout en constatant la préférence et les ménagements dont la France jouissait à Alger, nous devons reconnaître que cette régence faillit bien souvent aux obligations que lui imposaient la volonté du grand-seigneur, et l'amitié dont elle se piquait à notre égard.

Cependant la condescendance de Hassan envers les Marseillais lui enleva la popularité dont il jouissait, et faillit lui coûter la vie. Les janissaires, troupe turbulente et fanatique, démolirent le Bastion des Français, sous prétexte que les Marseillais accaparaient les blés pour affamer la régence; puis, passant à une révolte ouverte, ils se saisirent du pacha et de deux de ses principaux officiers ses favoris; ils les garrottèrent et les envoyèrent à Constantinople, en accusant Hassan d'avoir dessein de se faire roi, d'entretenir dans ce but des liaisons avec les infidèles, et les deux officiers d'être ses complices.

Hassan, arrivé à Constantinople, n'eut pas de peine à se justifier avec ses deux compagnons, puisqu'en protégeant les Français il n'avait fait qu'obéir aux ordres du sultan. On envoya à Alger un nouveau pacha nommé Achmet, qui fit arrêter les deux principaux chefs de la révolte, et les fit embarquer pour Constantinople, où ils furent condamnés à mort.

Hassan fut renvoyé pour la troisième fois à Alger, en qualité de pacha, après la mort d'Achmet. A peine de retour à Alger, Hassan prépara un armement formidable contre Oran. Il voulut s'emparer d'abord de Mers-el-Kebir où commandait don Martin de Cordoue, qui avait obtenu sa liberté en payant une énorme rançon. L'armée algérienne attaqua cette place par mer et par terre avec tant de furie, qu'en peu de temps une partie des remparts de la ville et des forts étaient tombés en ruines. La ville ne pouvait tenir longtemps, quand l'arrivée d'une flotte nombreuse, commandée par le célèbre André Doria, força Hassan à lever le siége et à retourner précipitamment à Alger. Ce fut la dernière expédition d'Hassan, et quelque temps après il fut remplacé par Mehemed, fils de Salah-Reïs. Le gouvernement de ce dernier ne fut ni long ni remarquable. On lui donna pour successeur, en 1568, un fameux corsaire, nommé Och-Ali.

Och-Ali, plus connu sous le nom d'Ali-Fartas (Ali-le-Teigneux), était un renégat corse. Il avait été enlevé dans sa jeunesse par des corsaires turcs, et s'était fait Mahométan pour obtenir sa liberté. Habile navigateur et guerrier intrépide, il s'était distingué dans plusieurs combats, et avait mérité l'estime de Soliman, qui l'éleva à la dignité de pacha d'Alger. Il signala le commencement de son gouvernement par la conquête du royaume de Tunis, qui était sous la domination de l'Espagne depuis l'expédition de Charles-Quint en 1536. Il passa toute l'année à Tunis, pour régler les affaires de ce royaume; de là il se rendit à Alger, d'où il partit avec toutes ses galères pour rejoindre les flottes turques, d'après les ordres de l'empereur Soliman II. Son arrivée remplit de joie les Turcs, qui connaissaient le courage et l'habileté d'Ali-Fartas.

Ce fut dans cette expédition que se donna la célèbre bataille de Lépante (1572), si glorieuse pour les Chrétiens et si fatale pour les Musulmans. Ali-Fartas, qui commandait l'aile gauche, fut le seul qui s'en tira avec honneur. Entre autres exploits par lesquels il se signala, il attaqua la *capitane* (galère principale) de Malte avec tant de furie et un feu si terrible, que la plupart des chevaliers étant morts ou hors de combat, il l'aborda et la prit; il est vrai qu'il fut obligé de l'abandonner à cause de l'entière défaite des Turcs; mais il eut soin de conserver le grand étendard de l'ordre de Malte, qu'il présenta quelque temps après au grand-seigneur. Le sultan le combla de caresses et de louanges, et le nomma capitan-pacha : il lui conserva en même temps le titre de pacha d'Alger, en l'autorisant à s'y faire représenter par un lieutenant de son choix. Memmi, son compatriote et son ami, fut chargé de cette mission de confiance.

Ramadan le Sarde, Hassan le Vénitien, Jaffer-Aga, Hongrois, tous rénégats, se succédèrent dans le gouvernement des provinces algériennes. Ce fut sous le commandement de ces trois aventuriers que les corsaires d'Alger commirent les plus grandes dévastations dans le bassin et sur les côtes de la Méditerranée. Ils ne respectaient aucun pavillon, et souvent les Français eurent à souffrir les avanies de ces corsaires, malgré l'alliance de la Porte.

ÉTABLISSEMENT DES CONSULS EUROPÉENS A ALGER.

Dès l'année 1564, M. Pétremol de Norvoie, agent du roi de France à Constantinople, fatigué des plaintes inutiles qu'il ne cessait d'adresser aux ministres de la Porte contre les déprédations des corsaires Barbaresques, proposa au roi de mettre à Alger un consul, pareil à ceux que nous avions déjà en Égypte et en Syrie. Charles IX accueillit cette proposition, et un Marseillais, du nom de Berthole, fut nommé consul d'Alger; mais il ne fut jamais admis dans sa résidence.

En 1576, sous le gouvernement de Ramadan le Sarde, le commerce de Marseille tenta encore inutilement de faire admettre un consul à Alger. Il renouvela ses démarches, tout aussi vainement, sous son successeur Hassan le Vénitien. Enfin ce ne fut qu'en l'année 1581, sous Jaffer-Aga, qu'un consul Français, M. Bionneau, fut admis à résider à Alger. Ce fut le premier consul européen qui s'établit dans cette ville. Deux ans après, en 1583, la reine Elisabeth d'Angleterre ayant fait alliance avec la Porte-Ottomane, un consul anglais fut aussi envoyé à Alger. Nous aurons plus d'une fois occasion de remarquer, dans le cours de cette histoire, combien ces fonctions étaient pénibles et souvent périlleuses, au milieu de ce peuple de pirates, de cette soldatesque effrénée, de ces fanatiques aveugles, qui composaient la population d'Alger.

En 1582, Jaffer céda la place à celui-là même qui avait été son prédécesseur, à Hassan le Vénitien; qui, par le crédit d'Ali-

Fartas, dont il était le favori, parvint pour la seconde fois à obtenir le pachalik.

Mamï-Arnaut, renégat albanais, le remplaça (1583), et se montra non moins ardent que lui pour les entreprises maritimes. Vint ensuite Méhémet (1589), puis Héder, sous le gouvernement duquel les corsaires d'Alger eurent ordre du grand-seigneur de courir sur les navires de Marseille, voulant ainsi punir cette ville de s'être rangée du parti de la Ligue contre son roi légitime.

Chaaban fut le successeur de Héder; mais, sur les plaintes que la milice fit parvenir à Constantinople, il fut remplacé par Moustapha-Pacha, qui ne gouverna que trois mois. Héder ayant obtenu de rentrer dans le pachalik, ne le conserva pas longtemps, et fut obligé de le restituer à Moustapha-Pacha, que les Algériens redemandaient à grands cris.

RELATIONS DE LA FRANCE AVEC LA RÉGENCE D'ALGER.

M. de Vias fut nommé consul de France à Alger en 1597. Il avait été conseiller d'état et maître des requêtes de Catherine de Médicis; banni pour son dévouement au roi, il n'était rentré à Marseille que lorsque cette ville eut secoué le joug des ligueurs. Ce fut alors qu'il obtint cette charge comme un dédommagement de ce qu'il avait souffert pour une cause légitime. Il était à peine arrivé à Alger qu'il vit passer le gouvernement dans les mains d'un Turc nommé Hassan. Celui-ci se montra favorablement disposé pour la nation française, et l'on peut croire que nous n'eussions point eu à nous plaindre des corsaires si la milice eût tenu compte des recommandations de la Porte, et secondé les bonnes dispositions de ce nouveau gouverneur; mais il n'en fut point ainsi, et M. de Vias eut à souffrir de nombreuses avanies.

Le gouvernement du roi accordait à certains navires étrangers, mais de nations amies, le droit de naviguer sous son pavillon; ce principe était consacré depuis longtemps dans le Levant, où, d'après les capitulations, la bannière blanche était seule admise. Les corsaires d'Alger prétendirent qu'on les *frustrait d'un droit, et qu'on leur arrachait leur bien;* ils se plaignirent à leur pacha et l'obligèrent à envoyer l'un d'entre eux en France pour réclamer contre un tel abus. Cette démarche n'eut aucun succès ; et en effet la France pouvait-elle, sans manquer à sa dignité, abdiquer cet honorable privilége acquis par sa puissance et consacré par le temps ? Les Algériens se sentirent blessés du mépris qu'on faisait de leurs plaintes, et ce fut une des premières causes des pertes considérables que le commerce de Marseille eut à supporter pendant les années qui suivirent.

Un nouveau pacha, Soliman le Vénitien, vint remplacer Hassan. Désireux de complaire à la milice, il débuta par adresser de nouvelles plaintes à la France ; il s'agissait d'un de leurs corsaires qui avait fait naufrage sur la côte d'Antibes, et dont on avait retenu l'équipage prisonnier. Il déclarait, dans sa lettre, que la course sur les vaisseaux français resterait ouverte jusqu'à ce que les Turcs de son corsaire fussent rendus ; mais Henri IV, qui avait lui-même approuvé cette arrestation, par mesure de représailles, ne voulut rien écouter, et chargea son ambassadeur à la cour de Constantinople d'exposer ses propres griefs au grand-seigneur. Il obtint satisfaction ; cependant il fallut se contenter de la restitution de quelques bâtiments. *C'est,* dit Hamer, *le premier exemple de réparation donné par la Porte à une puissance étrangère dont l'histoire fasse mention.*

L'année 1603 vit partir Soliman pour Constantinople : ce fut Héder qui le remplaça. Ce pacha ne se montra pas moins ardent que ses prédécesseurs à molester les marchands français. Un de ses premiers actes fut de leur enlever 6,000 sequins ; mais, sur les plaintes de l'ambassadeur français, le grand-seigneur en ordonna la restitution. Cet exemple de justice de la part de son souverain ne l'intimida pas ; il autorisa la course sur les navires français ; cette fois le sultan le destitua, et Méhémet-Pacha, son successeur, le fit étrangler à son arrivée à Alger (1604).

Ce fut dans ce temps que M. de Brève, notre ambassadeur à Constantinople, reçut de Henri IV l'ordre de renouveler les capitulations, afin d'y ajouter quelques articles qui devaient assurer la tranquillité du commerce maritime, et remédier au mal que faisaient les Barbaresques. Ce digne représentant remplit sa mission à la satisfaction de son prince. L'un de ces articles autorisait le roi à se faire justice lui-même, en cas de nouvelles contraventions de la part des corsaires algériens.

Après la conclusion de ce traité, un envoyé de la Porte, Moustapha-Aga, se rendit en Afrique, accompagné de M. de Castellane, délégué de la ville de Marseille, pour signifier aux Algériens la volonté de Sa Hautesse. Il leur était enjoint de laisser rebâtir le Bastion de France, ruiné quelque temps auparavant par la milice d'Alger, et de rendre tous les esclaves français détenus dans les bagnes. Mais ils ne purent rien obtenir, et M. de Brève lui-même, ayant voulu visiter Alger avant de rentrer en France, renouvela les mêmes réclamations, sans plus de succès.

Ces négociations durèrent presque tout le temps du règne de Louis XIII; en 1628, les Français obtinrent la reconstruction du Bastion de France, entre Bone et Tabarea. En 1637, un pacha nommé Joussouf le fit démolir. Enfin un nouveau traité le rétablit en 1640 : ce traité stipulait les conditions de la paix entre la France et la régence, et réglait tous les intérêts du commerce entre les deux nations.

Quoiqu'il en fût de ces traités, les actes de piraterie ne discontinuèrent pas, et les prises faites sur les Français, de 1639 à 1642, s'élevèrent à des sommes considérables. Les bagnes étaient remplis d'esclaves français qui devenaient un objet de spéculation pour les pirates. Le gouvernement se trouvant impuissant pour délivrer ces malheureux, la charité chrétienne vint à leur secours; les pères Trinitaires se dévouèrent à cette bonne œuvre et firent de nombreux voyages pour les tirer d'esclavage. Afin de rendre leur mission plus efficace, ces religieux achetèrent la charge du consulat d'Alger. Le père Barreau, de l'ordre des Trinitaires de Marseille, fut le premier qu'ils eurent dans cette résidence (1640).

ACCROISSEMENT DE LA MARINE ALGÉRIENNE DANS LE DIX-SEPTIÈME SIÈCLE.

Au commencement du dix-septième siècle (1601), les Espagnols, sous la conduite du fameux André Doria, tentèrent encore une entreprise contre Alger ; mais elle ne fut pas plus heureuse que les deux premières. La flotte espagnole entra heureusement dans la baie, le 5 août ; mais les vents contraires la forcèrent bientôt à la retraite. Du reste, quoique cette expédition ait échoué, elle peut être regardée comme la plus heureuse de toutes celles qu'ils ont entreprises contre Alger, puisque du moins ils se retirèrent sans la moindre perte.

Ces entreprises réitérées déterminèrent les Algériens à construire des vaisseaux de ligne et des frégates à voile, au lieu de mettre leurs principales forces dans leurs galiotes et autres plus petits bâtiments à rames, toujours peu propres aux expéditions en hiver, ou à de longues courses en toute saison. Un corsaire flamand, nommé Simon Dauser, les initia à ce nouveau genre de construction. Habiles à saisir tout ce qui pouvait favoriser leur cupidité au détriment du commerce chrétien, ils devinrent bientôt expérimentés dans l'art de manœuvrer ces vaisseaux. D'ailleurs ils trouvèrent une pépinière d'excellents marins dans les renégats Européens de toute nation, et surtout dans les Maures d'Espagne, chassés à cette époque de ce royaume, et qui se rendirent en foule à Alger.

Dès l'an 1616, la flotte algérienne consistait en quarante grands vaisseaux, du port de deux cents à quatre cents tonneaux (l'amiral était de cinq cents) ; elle était partagée en deux escadres : l'une, de dix-huit voiles, croisait devant le port de Malaga ; et l'autre, de vingt-deux, en deçà du cap Sainte-Marie, entre Lisbonne et Séville. Ces escadres attaquaient indifféremment tous les vaisseaux chrétiens, même les Anglais et les Français, ainsi que nous l'avons vu, quoique ces deux nations fussent en paix avec la Porte-Ottomane. Mais c'étaient surtout les côtes d'Espagne qui étaient exposées aux ravages de ces barbares. Chaque fois qu'ils descendaient sur ces rivages, ils y portaient le pillage et l'incendie , et emmenaient par milliers les hommes, les femmes , les enfants en captivité. L'histoire d'Alger , pendant la seconde moitié du seizième et pendant presque tout le dix-septième siècle , n'offre qu'une suite continuelle des courses de ces corsaires sur mer , et des ravages qu'ils firent dans les îles de la Méditerranée , sur les côtes d'Espagne , d'Italie , et quelquefois de Provence. Leurs richesses , leurs forces , leur insolence , s'accroissaient de jour en jour. En 1625, ils avaient soixante gros vaisseaux , et une armée navale intrépide et bien exercée; ils se croyaient en état de lutter avec toutes les marines de l'Europe.

Aussi c'est à cette époque qu'ils montrèrent le plus d'audace et d'activité pour la course. Les Reïs (c'était le nom qu'ils donnaient aux capitaines de corsaires) les moins expérimentés, et dont les navires étaient le moins susceptibles de supporter de longues campagnes , croisaient le long des côtes de la Méditerranée; d'autres allaient en Egypte guetter les vaisseaux qui sortaient d'Alexandrie; enfin les plus hardis et les plus forts franchissaient le détroit, et croisaient à l'embouchure de la Manche , sur les côtes du Danemarck et de l'Angleterre. Le père Dan , voulant donner une idée des ravages qu'ils faisaient, dit : *Il est hors de doute que les prises de ceux d'Alger, depuis vingt-cinq ou trente ans, se montent à plus de vingt millions.* Leur marine , au dire du même auteur, témoin des événements de cette époque, était de 70 navires, tant polacres que barques de course de vingt-cinq à quarante canons. .

Tant d'audace semblait depuis longtemps appeler une énergique répression de la part des puissances chrétiennes ; mais les guerres intérieures dans lesquelles elles étaient engagées , et peut-être le souvenir toujours présent de la dernière et fatale expédition de Charles-Quint , avaient, depuis un siècle, empêché toute tentative pour mettre un terme au brigandage des forbans d'Alger. C'était à la France qu'il était réservé d'ouvrir de nouveau la voie qu'elle devait si glorieuse-ment fermer en 1830, par une conquête définitive. Une première expédition fut tentée, sur la fin du règne de Louis XIII , par l'amiral de Beaulieu, avec une flotte de cinquante vaisseaux ou galères. Il se dirigea sur les côtes d'Espagne, où croisaient les escadres algériennes, s'empara de quelques-uns de leurs bâtiments, en coula d'autres; mais la plus grande partie parvinrent à s'échapper. L'amiral français revint à Marseille, sans avoir obtenu d'autres résultats que de décider les Algériens à faire le traité de paix dont nous avons parlé plus haut.

DÉCHÉANCE DES PACHAS. — PÉRIODE DU GOUVERNEMENT DES AGAS (1659-1672).

Depuis Kaïreddin-Barberousse, le pouvoir avait appartenu aux pachas et à leur conseil ou divan.

Les pachas s'étaient rendus de plus en plus puissants, soit à l'aide du nom de leur maître, soit au moyen des richesses qu'ils amassaient; ils ne se contentaient plus des droits qui leur étaient acquis sur les prises, ils se livraient à des exactions qui pesaient non-seulement sur les étrangers, mais encore sur le peuple; et leur avarice était devenue telle qu'ils ne craignaient pas de détourner à leur profit une partie des sommes que la Porte envoyait pour contribuer à la paye de la milice. Celle-ci les prit en haine, en renvoya plusieurs, en fit même périr quelques-uns, et, poussée à bout, proposa en plein divan de rayer du gouvernement ces chefs despotes et prévaricateurs, ou tout au moins de réduire leur autorité. Avant de faire cette proposition, elle avait mis en prison Ibrahim-Pacha, pour n'avoir pu fournir la paye, tandis qu'il avait détourné du trésor de la république une somme de 200,000 piastres qu'il avait envoyée à Constantinople. Voici en quels termes le père Barreau, alors consul de France à Alger, rend compte de cette révolution :

« Au mois de juin (1659), le divan continuant toujours dans
» les bonnes dispositions qu'il a prises de maintenir la
» correspondance avec les pays étrangers, et particulièrement
» avec Marseille, s'étant fait informer, tant de ses propres sujets
» que marchands chrétiens et autres, des raisons pourquoi son
» port semblait abandonné aussi bien que le pays de sa

Algérie moderne.   4

» domination, et lui ayant été représenté que la trop grande
» autorité qu'il a laissé prendre insensiblement aux pachas qui
» viennent de la Porte du grand-seigneur leur donnant
» occasion de faire beaucoup d'extorsions et avanies; c'est
» pourquoi il se serait résolu, pour le bien et avantage de tous,
» d'abolir entièrement cette autorité démesurée qu'ils s'étaient
» imposée, et, pour cet effet, aurait interdit et défendu à
» celui qui est du présent en charge de se mêler de quoi que
» ce soit. »

Le divan ne se borna pas à faire prononcer la déchéance du
pacha ; il proposa une nouvelle forme de gouvernement qui fut
immédiatement adoptée. On convint de remplacer le pacha et
ses officiers par un certain nombre de membres du divan
choisis parmi les Manzoul-Agas, officiers retirés du service, et
qui avaient passé par tous les degrés de la milice ; ces Manzoul-
Agas devaient avoir désormais l'administration de toutes les
affaires de l'état, percevoir les revenus du pays, tant du côté
de la mer que de celui de la terre, et l'un d'eux qui les
présiderait, avec le titre d'Aga, serait particulièrement chargé
de distribuer la paye. Le divan était maintenu comme par le
passé ; seulement le nombre des membres de ce conseil était
augmenté. Quant aux pachas, on les conservait encore par
respect pour le grand-seigneur ; mais leur intervention dans le
gouvernement devait se borner à une sorte de contrôle, le plus
souvent fictif, sans qu'ils pussent jamais s'immiscer dans les
affaires de l'état. Le divan leur assigna 500 piastres de solde
pour chaque lune, et, selon l'usage, il se chargea d'entretenir
leur maison de tout ce qui était nécessaire à la vie. On envoya
ensuite une députation au sultan pour lui faire part des
résolutions prises par le divan et la milice, en lui exposant les
motifs qui avaient amené ces résolutions ; ces motifs étaient
surtout fondés sur la cupidité et l'avarice des pachas, et dont
la conduite compromettait non-seulement le maintien de l'odjak
dans sa composition primitive, mais menaçait même l'existence
de la domination turque dans la régence. Le sultan admit,
peut-être parce qu'il ne pouvait mieux faire, la validité de ces
raisons, et consentit à ce qu'il fût créé à côté du pacha délégué

par la Porte-Ottomane un second chef de la régence qui serait plus particulièrement le représentant des intérêts de la milice. On dit même que le grand-visir applaudit à cette innovation, en considérant qu'elle épargnerait désormais des sommes considérables au grand-seigneur, qui n'aurait plus à s'occuper de la milice.

Le premier qui fut chargé de remplir les fonctions d'aga était un officier de la milice nommé Galil, qui avait été un des principaux promoteurs du changement qui venait de s'opérer. Il fut aussi le premier à éprouver combien était précaire une autorité fondée sur l'élection d'une soldatesque turbulente. La popularité qui l'avait portée au pouvoir s'évanouit presque aussitôt qu'il voulut l'exercer ; on l'accusa de despotisme, et la première année de son gouvernement n'était pas achevée qu'il tombait sous les coups de ceux qui l'avaient élevé.

Son successeur, Ramadan-Aga, eut le même sort au bout de quelques mois. Il fut massacré en plein divan par des janissaires qu'il menaçait de punir pour cause d'insubordination.

Après cet acte de rébellion, la milice capricieuse d'Alger choisit pour aga Joachim, le dernier pacha que la Porte avait envoyé, celui-là même qu'elle avait mis en prison au commencement de la révolution, et qu'elle en fit sortir pour le revêtir de cette nouvelle dignité ; mais dès qu'il tint le pouvoir il voulut s'en servir pour poursuivre ceux qui avaient autrefois voulu sa disgrâce ; il fut chassé et remplacé par Chaaban, renégat portugais.

EXPÉDITION DU DUC DE BEAUFORT.

Pendant qu'Alger était en proie à ces désordres, les corsaires en profitèrent pour redoubler d'insolence ; ils ne respectèrent plus aucun pavillon, pas même celui de France, qu'ils n'avaient pas osé insulter ouvertement depuis le dernier traité de 1640. Cette conduite provoqua contre eux les armements de la France. Le duc de Beaufort reçut ordre de Louis XIV d'attaquer et de détruire les corsaires algériens (1664). Ce général exécuta ces ordres avec succès, et un grand nombre de pirates furent pris ou coulés par la flotte française. A peine le duc était-il rentré à Toulon, de retour de sa croisière, qu'on le chargea de s'emparer d'un point sur la côte de Barbarie, de s'y fortifier, d'y rallier les bâtiments de l'état, pour de là surveiller les corsaires et leur faire une guerre continuelle. On proposa Bougie, mais il n'offrait qu'un mauvais mouillage; on se décida pour Djidjeli (Gigery), petite ville bâtie sur une presqu'île, et que recommandait un port favorable au mouillage des vaisseaux du roi. Le 20 juillet, l'armée du duc opère son débarquement et s'empare de la ville. Les Maures s'étaient retirés dans leurs montagnes, fatigués des efforts inutiles qu'ils avaient faits pour repousser les assaillants. Notre armée aurait pu profiter de ce moment pour former ses lignes et se fortifier dans la position qu'elle avait vaillamment conquise; elle ne le fit pas cependant; et lorsque les Turcs d'Alger et de Constantine arrivèrent, on s'aperçut, mais trop tard, de la faute qu'on avait faite. On manqua des choses essentielles au bien-être des soldats, que le climat et les maladies décimaient insensiblement.

Le 31 octobre, contre l'avis du brave Gadagne, qui commandait l'armée depuis le départ pour la France du duc de Beaufort, on se résolut en conseil à faire retraite. On s'embarqua aussitôt; mais le plus grand désordre régna pendant cette opération, à cause de la précipitation que chacun y mit. Les lignes étant restées sans défense, les Algériens les franchirent, et se mirent à la poursuite de nos soldats; on perdit beaucoup de monde, et un plus grand nombre encore fut pris et réduit en esclavage. Il est incontestable que, si les instructions du roi avaient été mieux exécutées, et qu'il y eût eu plus d'accord parmi les chefs de l'expédition, ce désastre ne serait point arrivé.

Les Algériens n'en furent pas moins effrayés de cette tentative hardie, et désormais le nom de Beaufort fut pour eux un épouvantail.

FIN DU GOUVERNEMENT DES AGAS. — NOUVEAU TRAITÉ AVEC LA FRANCE.

Chaaban-Aga, qui avait succédé, comme nous l'avons vu, à

Ibrahim-Pacha devenu aga, fut tué dans une émeute de la milice, l'année même de l'expédition de M. de Beaufort. Il fut remplacé par Ali, qui, au dire de M. le chevalier d'Arvieux, était *un homme d'esprit et d'un mérite singulier.*

Louis XIV, voulant profiter du respect que sa marine venait d'inspirer aux Barbaresques, chargea le surintendant-général de la navigation d'entamer des négociations de paix avec eux. Le duc de Beaufort envoya à Alger M. Trubert, gentilhomme ordinaire du roi, et commissaire général des armées navales. Il trouva le divan favorablement disposé, et le traité fut signé le 17 mai 1666. Il y fut stipulé que les corsaires d'Alger seraient munis d'un certificat du consul de France, afin qu'en cas de rencontre à la mer ils ne fussent pas confondus avec ceux des autres états Barbaresques; que, de leur côté, les navires français auraient un laissez-passer du grand-amiral de France; que les navires français et tout ce qu'ils porteraient auraient le droit de franchise, point essentiel qui venait d'être refusé aux autres nations; enfin que le consul de France aurait la prééminence sur tous les autres.

Cette paix, ainsi établie, fut assez bien observée jusqu'en 1668, époque à laquelle les corsaires d'Alger furent appelés par le grand-seigneur à prendre part à l'expédition de Candie. A leur retour, ils firent quelques prises françaises qu'ils emmenèrent à Alger. Le roi voulut, sans tarder, leur prouver que ces contraventions ne seraient point désormais souffertes : il envoya M. de Vivonne, avec quatre vaisseaux, pour appuyer les réclamations du père Dubourdieu, alors consul de France; les reïs qui avaient fait les prises furent punis, et les bâtiments rendus. Le roi exigea en outre des articles additionnels au traité de 1666, et ils furent consentis. On y promit la punition des reïs qui se rendraient désormais coupables de contraventions, ainsi que la responsabilité des armateurs. On s'engagea à ne point visiter les bâtiments portant pavillon français; enfin on consentit à ne vendre ni acheter aucun Français, sous quelque pavillon qu'il eût été pris.

Ali-Aga exerça le pouvoir plus longtemps que ses prédécesseurs; mais il finit par éprouver le même sort. Les Algériens l'accusèrent, probablement à cause des traités qu'il avait conclus avec le gouvernement français, de vouloir détruire la course. Des murmures ils passèrent aux menaces, puis bientôt ils s'ameutèrent contre lui, l'assassinèrent, et firent porter sa tête sur la place publique, où elle fut outragée par les enfants et par la populace. Les révoltés ne s'en tinrent pas là; ils saisirent sa femme et lui firent souffrir des tourments atroces pour lui faire déclarer le lieu qui recélait ses trésors (1671).

Ali fut le dernier aga chargé du pouvoir suprême. Après sa mort, la milice changea de nouveau la forme du gouvernement.

CHAPITRE IV.

Commencement du gouvernement des deys. — Administration de la justice. — Des Turcs et de la milice. — Des esclaves chrétiens. — Captivité de saint Vincent de Paul. — Etablissements chrétiens pour le soulagement et le rachat des captifs. — Ordres des Trinitaires et de la Merci. — Rachat des captifs. — Adji-Mahamet-Trick, premier dey d'Alger. — Louis XIV fait bombarder Alger. — Expédition de Duquesne. — Expédition du maréchal d'Estrées. — Prise d'Oran par les Algériens. — Expéditions de l'Espagne contre Alger. — Relations de la France avec Alger, de 1790 à 1815. — Envoi d'un consul de France à Alger. — Expédition de lord Exmouth. — Suites de cette expédition (1672-1827).

COMMENCEMENT DU GOUVERNEMENT DES DEYS.

LE changement qui s'opéra dans le gouvernement d'Alger, après la mort d'Ali-Aga, n'eut pour objet que d'apporter une modification dans le choix du nouveau chef de l'état. Nous avons vu que les agas ne pouvaient être pris que parmi les officiers retirés du service, appelés Manzoul-Agas; les janissaires trouvèrent que l'élection était trop restreinte, et ils voulurent que tout membre de l'odjak, sans distinction d'ancienneté de rang ni de grade, pût être élevé au pouvoir suprême. Ils décidèrent que ce nouveau chef de leur choix prendrait le nom de dey (littéralement *oncle* ou *patron*), comme cela se pratiquait déjà à Tunis. Ce dey, organe et président du divan, devait être chargé spécialement de l'exécution de ses commandements, de l'administration intérieure, et surtout de la paye. Le pacha était encore maintenu dans sa nullité, comme la milice l'avait voulu en 1659. Dans la suite, les pachas ayant tenté de recouvrer une partie de leur ancienne autorité, furent définitivement expulsés d'Alger, et leur dignité fut réunie à celle du dey.

L'élection d'un nouveau magistrat pour remplacer les agas ne fit pas cesser les désordres qui avaient signalé le gouvernement de ces derniers. Au contraire, l'élection des deys devint une occasion d'intrigues, de querelles, de révoltes et d'assassinats. Pendant le règne d'un dey, un parti qui lui était contraire se préparait toujours à le renverser ; le plus souvent il réussissait ; quelquefois la conspiration était découverte, ce qui donnait lieu à des supplices, à des confiscations, ou tout au moins à l'amende et à l'emprisonnement de ceux que l'on soupçonnait opposés aux intérêts du tyran régnant, jusqu'à ce qu'enfin, au bout d'un an, d'un mois, ou même de quelques jours, il ait lui-même éprouvé le même sort, et qu'une nouvelle révolution ait ramené les mêmes scènes de fureur et de cruauté. On a vu jusqu'à six deys élus et massacrés dans un seul jour par les partis opposés. Ces scènes de désordre et d'atrocité, en y joignant les courses des corsaires sur mer, rempliraient la meilleure partie de l'histoire de chaque règne. Ainsi une histoire suivie des deys, depuis leur établissement jusqu'à la fin, c'est-à-dire dans une période de plus de cent soixante ans, n'offrirait qu'une répétition des mêmes trahisons et des mêmes révolutions sanglantes, à quelque différence près entre les moyens dont les divers acteurs se sont servis pour se supplanter et se massacrer les uns les autres. De tels récits ne seraient ni instructifs, ni amusants ; ils ne seraient propres qu'à inspirer du dégoût et de l'ennui. Nous nous bornerons donc à raconter les faits saillants, les événements importants qui se sont passés durant cette période. Mais, avant de commencer ce récit, nous croyons qu'il est important d'entrer dans quelques détails sur la forme du gouvernement d'Alger depuis cette époque, parce qu'ils serviront quelquefois à éclairer les faits que nous aurons à raconter.

FORME DU GOUVERNEMENT SOUS LES DEYS.

Nous avons vu qu'Aroudj Barberousse s'était fait d'Alger une royauté indépendante, et que son frère Khaïreddin, en se plaçant sous la protection du grand-seigneur, avait transformé ce royaume en un pachalik de la Porte. Mais la milice turque, ou l'odjak des janissaires, qui avait fait la conquête de l'Algérie sous les Barberousses, s'était toujours regardée comme la véritable souveraine du pays, et n'avait cessé de faire des efforts pour secouer le joug de la Porte; elle y parvint dans le dix-septième siècle, lors de l'établissement des agas, et son indépendance fut surtout consacrée par l'érection du gouvernement des deys.

A partir de cette époque, Alger devint une république, ou plutôt une oligarchie militaire, gouvernée par un chef électif nommé à vie. Ce chef ou dey était tiré du corps de la milice, et tous ceux qui la composaient, sans en excepter le moindre soldat, avaient droit de prétendre à cette dignité; de sorte que tout soldat hardi et entreprenant pouvait être regardé comme l'héritier présomptif de la souveraineté. Il avait même cet avantage qu'il n'avait pas besoin d'attendre que la place fût vacante par le plus grand âge ou par la mort naturelle de celui qui l'occupait : il n'avait qu'à ôter la vie au prince régnant; et s'il avait de l'adresse et du courage, le même cimeterre qu'il avait osé teindre du sang de son maître ne manquait pas de lui en faire obtenir la place. Ainsi, selon la remarque d'un savant voyageur (Shaw, Voyages, T. Ier), ce gouvernement ressemblait à l'empire romain dans le temps de sa décadence, où tout homme déterminé qui osait entreprendre une révolution manquait rarement de parvenir au pouvoir suprême. A peine dans le nombre des deys qui se sont succédé si rapidement sur le trône d'Alger, y en a-t-il eu un sur dix qui soit mort dans son lit, et dont les jours n'aient pas été tranchés par le cimeterre ou par la balle d'un mousquet ; encore le petit nombre de ceux qui sont morts de mort naturelle n'ont pas été redevables de cet avantage aux égards ou à l'estime particulière que l'armée avait pour eux, mais plutôt à leur bonne fortune qui leur a fait découvrir les conspirations ourdies contre eux, et leur a fourni le moyen de s'en garantir, en faisant mettre à mort les conspirateurs avant qu'ils eussent le temps d'exécuter leurs desseins.

Malgré le danger d'être revêtu d'une autorité aussi précaire, il était rare qu'il n'y eût plusieurs candidats à chaque élection, ce qui occasionnait toujours du trouble et des massacres. Quand les suffrages se réunissaient en faveur d'un prétendant, on jetait sur ses épaules un caftan d'honneur ; les soldats le portaient sur le trône, en criant : *Allah Berik* (que Dieu le bénisse et lui accorde un règne heureux). Ensuite le mufti lui lisait à haute voix une instruction concernant ses principaux devoirs, dont voici le précis : Que Dieu l'avait appelé au gouvernement du royaume et de la milice guerrière ; qu'il était en place pour punir les méchants et faire jouir les bons de leurs privilèges ; qu'il devait entretenir exactement la paix, employer tous ses soins pour la prospérité du pays, etc., etc.

Dans le principe, les pouvoirs du dey étaient limités par le divan ou grand conseil, qui devait régler toutes les affaires importantes avant qu'elles eussent force de loi, et que le dey pût les mettre à exécution. Mais peu à peu les deys s'étaient débarrassés de ce contrôle incommode, et ne les consultaient plus que pour la forme. Tout était concerté et résolu d'avance entre le dey et son conseil privé, composé des ministres de son choix. Ainsi toute l'autorité était de fait concentrée dans la personne du dey, et de son vivant c'était le monarque le plus absolu et le mieux obéi du monde.

Les enfants du dey ne jouissaient d'aucune distinction après sa mort ; ils étaient même exclus de toutes charges, et entraient dans la classe des Koulonghis si leur mère était une femme mauresque ; dans le cas contraire, ils faisaient partie de l'odjak, et touchaient la simple paye de janissaires. Mais il arrivait aussi quelquefois que, dans les révolutions qui précipitaient leur père du trône, ils partageaient le même sort que la plupart de ses amis et de ses partisans, qui étaient ordinairement tués, pillés ou bannis.

L'élection des deys devait être confirmée par le grand-seigneur, qu'ils reconnaissaient pour leur seigneur suzerain ; mais cette confirmation n'était jamais refusée ; et depuis 1710, époque de l'expulsion d'Alger des pachas nommés par la Porte, elle était accompagnée du titre de pacha à trois queues. Dès lors les deys prirent toujours le titre de pachas dans les actes publics.

Aussitôt après leur élection, les deys d'Alger jouissaient de toutes les prérogatives attachées à l'autorité souveraine ; mais leur installation solennelle n'avait lieu que lorsqu'ils avaient reçu le firman du grand-seigneur qui approuvait leur élection, et avec le firman, le caftan et le sabre de commandement qui leur était apporté par un capidji-baché ou messager d'état. Tous les trois ans, et même plus souvent, dans ses jours de prospérité, Alger envoyait au grand-seigneur un présent qui était transporté à Constantinople sur un vaisseau de guerre étranger, avec l'ambassadeur qui devait l'offrir. Ce présent était toujours magnifique, et s'élevait quelquefois à la valeur de 500,000 dollars. Du reste, il paraît qu'Alger ne reconnaissait pas autrement la suprématie du gouvernement ottoman ; et même, dans l'ivresse de son pouvoir, il lui est arrivé de ne pas toujours respecter son pavillon. Comme compensation de l'hommage qu'elle lui rendait, quand elle le rendait, le sultan envoyait ordinairement à la milice d'Alger un vaisseau avec des provisions de guerre, lui accordant en outre la permission de se recruter dans les pays soumis à sa domination. Quant à cette dernière faveur, la Porte la lui octroyait volontiers ; car c'était un moyen pour elle de se débarrasser d'une foule de mauvais sujets et de gens sans aveu, qui ne servaient qu'à troubler la tranquillité publique.

Le dey nommait lui-même ses ministres (*Hodjas*) : c'étaient le Khaznadji, qui avait dans ses attributions les finances et l'intérieur ; l'Aga, ou Bach-Aga, qui commandait en chef l'armée, et qui faisait les fonctions de ministre de la guerre ; le Vékil-Hardj, ou ministre de la marine et des affaires étrangères ; le Khodgia, ou surintendant des domaines nationaux ; et le Beit-el-Mâl, ou juge des successions. Ce dernier poste était devenu très important, à cause des revenus qui y étaient attachés.

Le dey nommait également les beys ou gouverneurs des trois provinces de la régence. Ces officiers étaient investis, dans leur gouvernement, de toute l'autorité despotique du dey. Chaque province était imposée pour une somme déterminée, selon la capacité qu'on lui supposait pour la payer. Le bey faisait la répartition de l'impôt à verser par chaque localité de sa province, et souvent ils se chargeaient eux-mêmes d'en opérer le recouvrement.

Toutes les trois années lunaires, les beys étaient obligés de venir en personne rendre compte de leur administration au siége du gouvernement. Le dey leur faisait une réception magnifique, ce qui n'empêchait pas qu'ils ne fissent ce voyage avec beaucoup de répugnance, parce qu'ils craignaient que le souverain n'eût médité leur perte, soit pour s'enrichir de leurs dépouilles, soit pour les punir des concussions qu'ils exerçaient. Aussi il leur fallait dans ces occasions acheter la faveur des officiers de la régence, dont le prix était plus ou moins élevé, selon que leur crédit était plus ou moins grand. On prétend que chaque visite des beys d'Oran et de Constantine ne leur coûtait pas moins de 300,000 dollars.

Les officiers de la régence d'Alger ne recevaient pour leur salaire que leur paye et leurs rations comme janissaires. Le dey lui-même se soumettait à cette loi avec une apparence de simplicité primitive ; mais, dans leurs rapports avec la société, ces mêmes officiers se reposaient sur les priviléges de leurs places et la licence qu'elle leur donnait pour commettre toutes sortes d'exactions.

ADMINISTRATION DE LA JUSTICE.

Le dey et ses ministres étaient les seuls juges en matière criminelle. Le meurtre, le vol avec effraction, l'incendie, la trahison, l'adultère, étaient punis de mort. Les crimes politiques étaient punis selon la qualité du coupable : un Turc était étranglé, mais en secret; un Maure, un Arabe ou un Kouloughis, était pendu, décapité, ou précipité d'un mur élevé, garni de grosses pointes de fer auxquelles il restait suspendu dans sa chute. Mais, dans ces occasions, le tchaoux ou bourreau avait quelquefois l'humanité, si on le payait bien, d'étrangler le patient avant de le précipiter. Si c'était un Juif, on le pendait, on le décapitait, ou bien on le brûlait vif. Les délits moins graves, les larcins, les filouteries, étaient punis par de fortes amendes, par la bastonnade, ou par la peine des travaux forcés.

A Alger, la place de bourreau était un poste honorable. Tout officier public en avait un qui était attaché à sa personne. Comme tout autre citoyen, un bourreau pouvait parvenir au premières charges de l'état.

L'administration de la justice civile était exercée par deux cadis, l'un turc, l'autre maure, et par deux muftis appartenant également à chacune des deux nations. Ces magistrats donnaient audience tous les jours, excepté le vendredi. Les affaires étaient toujours promptement terminées, car il n'y avait ni procureurs ni avocats. Les parties exposaient elle-mêmes leurs raisons, et les appuyaient au besoin de témoignages, et la sentence était rendue sur-le-champ.

A Alger, comme dans tous les pays musulmans, le Koran formait le code civil et criminel, en y ajoutant ses commentaires et quelques coutumes auxquelles l'expérience a donné force de loi ; car, chez les Turcs, c'est un axiôme dont on ne s'écarte jamais, que ce qui s'est fait une fois doit avoir force de loi.

DES TURCS ET DE LA MILICE.

Les Turcs, ainsi que nous l'avons déjà fait observer, composant l'odjak ou la milice, pouvaient seuls prétendre aux premières dignités de l'état, et aux charges lucratives ou honorifiques. Les Maures et les Kouloughis, quoique exclus de tout emploi civil, pouvaient s'élever, par leur mérite, aux premiers grades dans la marine. L'odjak, ou corps des janissaires, recevait continuellement des recrues du Levant, qui étaient pour la plupart des malheureux sortis des prisons, et le rebut de la société de ces pays à demi-barbares. La régence entretenait à Constantinople et à Smyrne des agents qui engageaient les recrues et les envoyaient à Alger sur des vaisseaux de louage. A leur arrivée ils étaient soldats de fait, sous la dénomination de janissaires. On les incorporait dans les différents quartiers ou *baraques* de la ville, auxquels ils appartenaient le reste de leur vie, quel que fût par la suite le changement de leur fortune.

Les janissaires traitaient avec la dernière hauteur les Maures et les Arabes; partout ils avaient la préséance sur eux; et, dans les rues, ces derniers leur cédaient toujours le pas. Les Chrétiens renégats jouissaient des mêmes priviléges que les Turcs, pourvu toutefois qu'ils fussent engagés dans la milice. Les Kouloughis, issus, comme nous l'avons vu, des Turcs et des femmes maures ou arabes étaient reçus dans la milice; mais ils ne pouvaient parvenir aux emplois supérieurs. L'oligarchie turque, qui dominait la régence, y regarda toujours comme la première règle et comme la base fondamentale de sa politique l'exclusion rigoureuse des indigènes de toute participation au gouvernement suprême; et les Kouloughis, quoique descendants des Turcs, était rangés dans la classe à laquelle appartenaient leurs mères.

Des corps de cavalerie arabe, nommés Makhzen, complétaient l'organisation de l'armée turque. Cette institution de Makhzen pourrait paraître au premier coup d'œil faire exception au principe dont nous venons de parler; mais les chefs arabes, investis de l'autorité sur des portions restreintes de territoire, ou sur des agglomérations d'individus peu nombreuses, étaient toujours responsables de leur administration vis-à-vis des chefs turcs (beys, agas, etc.), dépendants eux-mêmes du pacha ou du dey. Les chefs arabes du Makhzen étaient donc plutôt les intermédiaires que les dépositaires réels de l'autorité (1).

En 1825, la force militaire de la régence, bien déchue de son ancienne splendeur, était d'environ 15,000 hommes, tout compris, Turcs, Kouloughis et Arabes. Les Turcs et les Kouloughis formaient l'infanterie, les Arabes la cavalerie. Ils étaient distribués dans des garnisons et des camps volants, soit à Alger ou dans les provinces. Chaque année on changeait la garnison Turque. Les troupes veillaient à la perception des impôts de l'état et au maintien de l'ordre public.

DES ESCLAVES CHRÉTIENS.

La piraterie des corsaires d'Alger et des autres puissances Barbaresques a été pendant plusieurs siècles le fléau du commerce européen, en même temps que l'esclavage des Chrétiens tombés au pouvoir des pirates était une tache honteuse pour les gouvernements qui n'ont pas eu l'énergie ou la volonté de mettre un terme à cet infâme trafic. La cessation de ce fléau, due aux armes de la France, doit inspirer à toutes les nations civilisées un juste sentiment de reconnaissance envers nous. Jetons un coup d'œil sur ce qu'était l'esclavage en Barbarie, et l'on appréciera mieux le service que la France a rendu à l'humanité.

Les corsaires amenaient sans cesse des esclaves. Aussitôt qu'ils les avaient pris, ils s'informaient exactement de leur pays, de leur condition et de leur fortune, et cette recherche se faisait souvent en leur donnant la bastonnade, ainsi qu'à leurs compagnons d'infortune, pour en arracher la vérité. Ensuite, après les avoir dépouillés de tous leurs vêtements, ils les faisaient conduire chez le dey : là se trouvaient ordinairement les consuls européens, pour voir s'il y en avait de leur nation,

(1) L'institution du Makhzen a été conservée par les Français.

et pour les réclamer s'ils n'étaient que passagers sur la prise. Mais, s'il était prouvé qu'ils étaient à la solde d'une nation en guerre avec la régence, il n'étaient relâchés qu'en payant leur rançon.

Le dey choisissait le huitième sur les esclaves, et ordinairement il prenait ceux qui étaient de qualité, ou qui possédaient des connaissances dans les arts ou les sciences, ou enfin ceux qui savaient quelque bon métier, tels que menuisier, serrurier, charpentier, etc. Les autres étaient envoyés au Bésistan ou marché d'esclaves; là on les mettait à prix suivant leur profession, leur force, leur âge et leur capacité. Ensuite on les conduisait devant le palais du dey, où ils étaient vendus à l'enchère, sur la mise à prix fixée au marché. Les courtiers ou *delel*, chargés de cette vente, promenaient les esclaves l'un après l'autre, publiant à haute voix la qualité ou le talent de chaque captif, avec l'enchère qu'on y mettait, jusqu'à ce qu'il fût livré au plus offrant. Le prix provenant des enchères, en sus de l'estimation faite au Bésistan, était versé au trésor public; les armateurs et l'équipage du corsaire capteur ne recevaient que le prix de la première estimation. Dès qu'un esclave était vendu, on lui mettait un petit anneau de fer à un pied, avec une chaîne plus ou moins longue, selon qu'on soupçonnait qu'il pourrait s'échapper plus ou moins facilement.

Les esclaves chrétiens étaient divisés en deux grandes catégories; les uns appartenant à l'état ou au dey, les autres aux particuliers. Les premiers jouissaient sans contredit d'une condition beaucoup plus douce que les autres. Quelques-uns, choisis parmi les plus jeunes, étaient destinés au service particulier du dey, et lui servaient en quelque sorte de pages. D'autres étaient employés au service des casernes, et en général les janissaires les traitaient assez doucement.

Les esclaves qui avaient un métier pouvaient l'exercer en donnant les deux tiers de ce qu'ils gagnaient au dey; ceux qui pouvaient se procurer une petite somme, soit par leurs amis, soit par des charités, obtenaient souvent la permission d'élever un petit commerce, dont ils partageaient aussi les bénéfices avec le dey. Quant à ceux qui ne pouvaient exercer ni commerce, ni industrie, ils étaient traités avec plus de rigueur ; ils étaient employés tout le jour aux travaux publics, et la nuit on les enfermait dans le bagne ou dans quelque autre prison, après qu'on en avait fait une exacte revue.

Les esclaves des particuliers avaient une condition plus incertaine. Leur sort dépendait de la fortune, de la condition et de l'humeur de leurs maîtres. Les maîtres riches, ou occupant des postes élevés dans l'état, traitaient souvent leurs esclaves avec douceur, et se faisaient un point d'honneur de les habiller proprement ; mais souvent aussi, pour la moindre faute, ou même par caprice, ils leur faisaient souffrir toutes sortes de de mauvais traitements. Les captifs les plus malheureux étaient sans contredit ceux qui appartenaient à des maîtres avares ou exerçant des professions pénibles. Les travaux les plus rudes et les plus vils étaient réservés à leurs esclaves : à la campagne on s'en servait souvent au lieu de chevaux et de bœufs pour tirer la charrue, et on les employait à d'autres ouvrages également pénibles ; à cet égard, et à tous les autres, on les traitait avec une inhumanité que leurs maîtres auraient punie rigoureusement sur ceux d'entre eux qui l'auraient exercée envers les plus vils animaux.

CAPTIVITÉ DE SAINT VINCENT DE PAUL.

Pour compléter ce que nous avons à dire sur l'esclavage chez les puissances barbaresques, nous terminerons cet article par la relation que nous a laissée de sa captivité dans ce pays un homme dont le nom populaire et béni est la plus sublime expression de la charité. Cet épisode ne saurait manquer d'intéresser nos jeunes lecteurs.

En 1600, Vincent de Paul, qui venait d'être ordonné prêtre, et de recevoir tous les grades de la théologie, s'était rendu à Marseille, pour régler les affaires d'une succession qui venait de lui échoir. Après les avoir terminées, Vincent prit la voie de mer jusqu'à Narbonne, en compagnie d'un gentilhomme de sa connaissance. Ici nous allons laisser le saint parler lui-même.

« Je m'embarquai, dit-il, pour Narbonne, pour y être plus tôt et pour tout perdre. Le vent nous fut autant favorable qu'il fallait pour nous rendre ce jour-là à Narbonne, qui était faire cinquante lieues, si Dieu n'avait permis que trois brigantins turcs qui côtoyaient le golfe de Lyon pour attaquer les barques qui venaient de Beaucaire, où il y avait une foire que l'on estime être des plus belles de la chrétienté, ne nous eussent donné la chasse et attaqués si vivement, que deux ou trois des nôtres étant tués et tout le reste blessé, et même moi qui eut un coup de flèche, qui me servira d'horloge tout le reste de ma vie, n'eussions été contraints de nous rendre à ces félons. Les premiers éclats de leur rage furent de hacher notre pilote en mille pièces, pour avoir pendu un des principaux des leurs, outre quatre ou cinq forçats que les nôtres tuèrent; cela fait, ils nous enchaînèrent, et après nous avoir grossièrement pansés, ils poursuivirent leur pointe, faisant mille voleries, donnant néanmoins liberté à ceux qui se rendaient sans combattre, après les avoir volés; et enfin, chargés de marchandises, au bout de sept ou huit jours, ils prirent la route de Barbarie, tanière et spélonque (*caverne*) de voleurs sans aveu du Grand-Turc, où étant arrivés ils nous exposèrent en vente, avec un procès-verbal de notre capture, qu'ils disaient avoir été faite dans un navire espagnol; parce que sans ce mensonge nous aurions été délivrés par le consul que le roi tient en ce lieu-là, pour rendre libre le commerce aux Français (1). Leur procédure à notre vente fut qu'après qu'ils nous eurent dépouillés, ils nous donnèrent à chacun une paire de caleçons, un hoqueton de lin, avec un bonnet, et nous promenèrent par la ville, où ils étaient venus expressément pour nous vendre. Nous ayant fait faire cinq ou six tours par la ville, la chaîne au col, ils nous ramenèrent au bateau, afin que les marchands vinssent voir qui pouvait bien manger et qui non, et pour montrer que nos plaies n'étaient point mortelles. Cela fait, ils nous ramenèrent à la place, où les marchands vinrent nous visiter tout de même que l'on fait à l'achat d'un cheval où d'un bœuf, nous faisant ouvrir la bouche pour voir nos dents, palpant nos côtes, sondant nos plaies, et nous faisant cheminer le pas, trotter et courir, puis lever des fardeaux, et puis lutter, pour voir la force d'un chacun, et mille autres sortes de brutalités. Je fus vendu à un pêcheur qui fut contraint de se défaire bientôt de moi, pour n'avoir rien de si contraire que la mer; et depuis par le pêcheur à un vieillard, médecin spagirique (2), souverain tireur de de quintessences, homme fort humain et traitable, lequel, à ce qu'il me disait, avait travaillé l'espace de cinquante ans à la recherche de

(1) On voit par là un des moyens dont les Barbaresques se servaient pour éluder les traités faits avec la France.

(2) Qui s'occupe de l'analyse des métaux et de la recherche de la pierre philosophale.

la pierre philosophale, etc. Il m'aimait fort, et se plaisait à me discou rir de l'alchimie, et puis de sa loi, à laquelle il faisait tous ses efforts de m'attirer, me promettant force richesses et tout son savoir. Dieu opéra toujours en moi une croyance de délivrance par les assidues prières que je lui faisais, et à la vierge Marie, par la seule intercession de laquelle je crois fermement avoir été délivré. Je fus avec ce vieillard depuis le mois de septembre 1603 jusqu'au mois d'août 1606, qu'il fut pris et mené au grand-sultan, pour travailler pour lui, mais en vain ; car il mourut par les chemins. Il me laissa à un sien neveu, vrai anthropomorphite (1), qui me revendit bientôt après la mort de son oncle, parce qu'il ouït dire comme M. de Brèves, ambassadeur pour le roi en Turquie, venait avec bonnes et expresses patentes du Grand-Turc, pour recouvrer tous les esclaves chrétiens. Un renégat de Nice en Savoie, ennemi de nature, m'acheta et m'emmena en son *temar*, ainsi s'appelle le bien que l'on tient comme métayer du grand-seigneur, car là le peuple n'a rien, tout est au sultan : le temar de celui-ci était dans la montagne, où le pays est extrêmement chaud et désert. L'une des trois femmes qu'il avait était Grecque chrétienne, mais schisma-tique ; une autre était Turque, qui servit d'instrument à l'immense miséricorde de Dieu pour retirer son mari de l'apostasie, et le remettre au giron de l'Eglise, et me délivrer de mon esclavage. Curieuse qu'elle était de savoir notre façon de vivre, elle me venait voir tous les jours aux champs, où je fossoyais, et un jour elle me commande de chanter les louanges de mon Dieu. Le ressouvenir du *Quomodo cantabimus in terrá alienà*, des enfants d'Israël captifs en Babylone, me fit com-mencer, la larme à l'œil, le psaume *Super flumina Babylonis*, et puis le *Salve, Regina,* et plusieurs autres choses ; en quoi elle prenait tant de plaisir que c'était merveille : elle ne manqua pas de dire à son mari, le soir, qu'il avait eu tort de quitter sa religion, qu'elle estimait extrêmement bonne, pour un récit que je lui avais fait de notre Dieu, et quelques louanges que j'avais chantées en sa présence; en quoi elle disait avoir ressenti un tel plaisir, qu'elle ne croyait point que le pa-radis de ses pères, et celui qu'elle espérait, fût si glorieux, ni accom-pagné de tant de joie que le contentement qu'elle avait ressenti pendant que je louais mon Dieu, concluant qu'il y avait en cela quelque mer-veille. Cette femme, comme un autre Caïphe, ou comme l'ânesse de Balaam, fit tant par ses discours, que son mari me dit dès le lendemain qu'il ne tenait qu'à une commodité que nous ne nous sauvassions en France ; mais qu'il y donnerait tel remède, que dans peu de jours Dieu en serait loué. Ce peu de jours dura dix mois, qu'il m'entretint dans cette espérance, au bout desquels nous nous sauvâmes avec un petit esquif, et nous rendîmes, le 28 juin 1607, à Aigues-Mortes, et tôt après

(2) On appelle anthropomorphite celui qui attribue à Dieu une figure humaine.

en Avignon, où M. le vice-légat reçut publiquement le renégat, avec
la larme à l'œil et le sanglot au cœur, dans l'église de Saint-Pierre, à
l'honneur de Dieu, et édification des assistants (1). »

ÉTABLISSEMENTS CHRÉTIENS POUR LE SOULAGEMENT ET LE RACHAT DES CAPTIFS.

Tandis que les gouvernements chrétiens laissaient dans les
fers un si grand nombre de leurs sujets, soit par impuissance
de les racheter, soit par insouciance de leur sort, la religion,
qui veille toujours comme une tendre mère sur tous ses enfants,
se chargea de porter des consolations à ces malheureux, de
soulager leurs souffrances, et de les arracher à la captivité. Dès
le douzième siècle, un ordre fut établi en France pour la
rédemption des captifs : c'étaient les Trinitaires, connus sous
le nom de Mathurins, parce que leur fondateur était saint Jean
de Matha. Cet ordre se répandit bientôt chez les autres nations
chrétiennes, mais surtout en Italie, en Allemagne, en Espagne
et en Portugal. En 1223, saint Pierre de Nolasque, gentilhomme français, remarquable par son zèle et sa charité, fonda
à Barcelone une congrégation dont le but était le même que
celui des Trinitaires. Elle n'était d'abord composée que de
gentilshommes, qu'on appelait Confrères de la Congrégation de
Notre-Dame-de-Miséricorde. Aux trois vœux ordinaires de
religion, ils joignaient celui d'employer leurs biens, leur liberté, leur vie, au rachat des captifs. Les succès de cet ordre
naissant engagèrent Grégoire IX à l'approuver, et il
l'assujétit, en 1225, à la règle de Saint-Augustin : il est
devenu célèbre en Espagne sous le nom d'Ordre de la Merci.

Les pères Mathurins de l'ordre de la Trinité et les pères de
la Merci travaillèrent avec un zèle infatigable et une louable
émulation à l'œuvre de la rédemption des captifs, soit en
Espagne où les Maures retenaient un grand nombre de Chrétiens
dans les fers, soit en Egypte et dans les autres contrées de
l'Orient. Après l'expulsion des Maures d'Espagne, mais surtout

(1) Lettre écrite par saint Vincent de Paul à M. de Commet, le 24
juillet 1607.

après l'établissement des Turcs à Alger, à Tunis, à Tripoli, la piraterie fut organisée sur toutes les côtes de la Barbarie. Le nombre des esclaves chrétiens devint alors si considérable dans ces parages que le zèle des pères rédempteurs fut bien loin de pouvoir suffire à briser leurs fers. Leur charité imagina alors de fonder à Alger, et dans les autres villes de Barbarie, des établissements pour procurer aux captifs les secours spirituels et corporels dont ils pourraient avoir besoin. Ce n'étaient d'abord que de simples chapelles, desservies par des prêtres de l'ordre de la Trinité; puis toutes ces différentes fondations ont été réunies à Alger, en un vaste hôpital général où étaient reçus et soignés les malades chrétiens de toutes les nations.

La fondation de cet hôpital remonte à l'année 1551. Ce fut le père Sébastien Duport, des Trinitaires de Burgos, qui en jeta les premiers fondements. Il fut presque entièrement réédifié, en 1612, par le zèle de trois autres religieux espagnols, les pères Bernard de Monroy, Jean d'Aquila et Jean de Palacio. Ce qui donna lieu à cette restauration mérite d'être raconté. Ces religieux venaient de terminer plusieurs rédemptions; après avoir payé la dernière, ils se disposaient à partir avec leurs esclaves rachetés, lorsqu'un événement imprévu vint les jeter eux-mêmes dans les fers. Fatime, la fille de Mohamed-Aga, un des chefs de la milice turque, fut prise sur mer par un bâtiment génois, qui la conduisit dans l'île de Corse. Là elle fut instruite dans la religion chrétienne, et, bientôt touchée de la grandeur de ses mystères et de la pureté de sa morale, elle demanda avec instance à recevoir le baptême; elle obtint cette grâce, et changea son nom de Fatime pour celui de Marie-Eugénie. Sur ces entrefaites, arrivèrent des envoyés de son père avec de l'argent pour la racheter; mais elle refusa de retourner avec les Mahométans, et pour montrer que sa résolution était inébranlable, elle épousa un habitant de l'île de Corse.

Ceux qui avaient été envoyés pour la racheter, de retour à Alger, publièrent qu'on l'avait forcée de se faire chrétienne. La milice fut tellement irritée, qu'elle fit prendre les trois religieux dont nous venons de parler, les mit aux fers et les renferma dans des cachots, en les menaçant de les brûler tout vifs. Tout l'argent qui avait déjà été payé pour le rachat de cent trente esclaves fut confisqué, et les malheureux, dont les chaînes venaient d'être brisées, en furent chargés de nouveau.

Les trois religieux souffrirent la violence et les mauvais traitements auxquels ils furent en butte avec une telle patience, une telle résignation, que le dey et son divan en furent touchés. On les fit sortir de prison, et on leur permit d'aller par la ville exercer leur charité envers les captifs; mais on ne voulut jamais les laisser retourner en Espagne. C'est alors que ces pieux serviteurs de Dieu, loin de s'abandonner au désespoir, ou à des récriminations inutiles contre leurs oppresseurs, ne songèrent qu'à tirer le meilleur parti possible de leur position pour le soulagement des pauvres captifs qu'il ne leur était plus permis de tirer d'esclavage. L'hôpital était presque ruiné, ils entreprirent de le réédifier; un tel projet, dans leur situation, aurait pu, aux yeux du monde, passer pour insensé; mais rien n'est impossible à ces deux grandes vertus, la foi et la charité. Les bons pères rédempteurs réussirent au-delà de leurs vœux; en peu de temps toutes les réparations convenables furent exécutées; de nouveaux lits furent établis; la pharmacie fut augmentée; un plus grand nombre de malades furent soulagés. Les trois religieux ne cessaient en outre d'accomplir d'autres œuvres de miséricorde : ils allaient dans les bagnes consoler les captifs; ils leur administraient les sacrements; ils offraient pour eux le sacrifice de la Messe, et leur obtenaient la liberté d'y assister; ils veillaient au lit des plus malades; ils exhortaient et fortifiaient les agonisants; ils ensevelissaient les morts. Deux succombèrent au milieu de ces exercices sublimes, mais bien pénibles, de la charité. Le père Bernard de Mouron, qui survécut à ses confrères, ne tarda pas à être jeté en prison, où il mourut à l'âge de soixante ans.

En parlant de cet hôpital, nous ne devons pas omettre le trait de sublime charité d'un franciscain espagnol, confesseur de don Juan d'Autriche. Il avait été réduit en captivité par les Algériens; le prince envoya une somme considérable pour le racheter; mais ce religieux donna une partie de sa rançon à l'hospice, et acheta du reste un terrain destiné à servir de cimetière aux Chrétiens. Il mourut dans l'esclavage, laissant un des plus beaux exemples du dévouement et du désintéressement que peut inspirer la religion chrétienne pour le soulagement de ses semblables.

RACHAT DES ESCLAVES.

Chaque année il partait de Marseille, de Barcelone, de Cadix ou de Lisbonne des religieux de la Merci ou de la Trinité, chargés des sommes qu'ils avaient recueillies pour le rachat des captifs sur les côtes de Barbarie.

Ces rédemptions se faisaient ordinairement avec une certaine pompe. Quand les pères arrivaient à Alger, ils allaient saluer le dey, qui leur donnait un beau logement dans la ville avec un drogman de la cour pour leur rendre tous les services dont ils avaient besoin. On les chargeait ordinairement de délivrer par préférence les jeunes femmes et les enfants, que la faiblesse du sexe et de l'âge exposaient plus que les autres. D'un autre côté, le dey exigeait qu'ils rachetassent dans un bagne un certain nombre d'esclaves dont il fixait lui-même le prix.

Pendant cette négociation, qui durait toujours plusieurs jours, les captifs présentaient aux religieux plusieurs placets, pour tâcher de les intéresser à leur délivrance. Ceux qui avaient amassé quelque argent par leur industrie le remettaient à ces pères, les priant de suppléer le reste.

On donnait un burnous à tous les esclaves rachetés. On les assemblait dans l'hôpital d'Espagne, pour rendre à Dieu des actions de grâce, et on les menait ensuite au palais du dey, où ils étaient passés en revue, et où ils recevaient chacun un *teskeret* ou carte d'affranchissement. Les pères prenaient ensuite congé du dey, et s'embarquaient avec les captifs sur le vaisseau qui les attendait.

Dès qu'ils étaient arrivés au port de leur destination, les esclaves rachetés étaient conduits processionnellement à l'église cathédrale, où l'on chantait un *Te Deum* solennel en action de grâces. Ils parcouraient ensuite, dans le même ordre, les principales rues de la ville. Les pères faisaient pendant ce temps-là une quête dont le produit était en partie distribué aux captifs rachetés, et le surplus était destiné au rachat d'autres esclaves. De là ils se rendaient ordinairement dans les principales villes du royaume, où les mêmes cérémonies et les mêmes aumônes se renouvelaient, jusqu'à ce que chaque captif fût rendu dans sa famille.

Toutes les tentatives faites par les puissances européennes pour arrêter les pirateries des puissances Barbaresques furent vaines jusqu'en 1830. Cependant, depuis quelques années, surtout depuis l'expédition de lord Exmouth en 1816, les régences de Maroc, Alger, Tunis et Tripoli ne considéraient plus les Chrétiens qui tombaient en leur pouvoir comme des esclaves, mais comme des prisonniers de guerre. Toutefois, avant que les Français ne s'emparassent d'Alger, et ne portassent ainsi un coup mortel à l'existence des puissances Barbaresques, le sort des malheureux captifs n'en était pas meilleur; les pavillons des puissances d'un ordre inférieur n'étaient pas respectés, malgré les traités qu'elles avaient conclus avec les pirates. En 1826 on armait encore journellement en course à Alger pour courir sus aux navires espagnols, sardes, pontificaux et anséatiques. Et ce qui rendait le sort des prisonniers plus affreux, c'est qu'il n'existait plus d'ordres religieux de la Merci, ni de la Trinité, qui s'occupassent de les tirer de servitude.

HADJI-MAHAMET-TRICK, 1ᵉʳ DEY D'ALGER.

Le premier dey qui fut élu après la destruction des agas, en 1672, était un vieux reïs, riche armateur, homme robuste, dur et avare. Il se nommait Adji-Mahamet-Trick; il était ennemi déclaré des Français, qui pendant la dernière guerre avaient détruit deux de ses corsaires. Il avait pour lieutenant Baba-Hassan, son gendre, à qui il abandonna d'abord une partie de l'autorité, et qui sut bientôt l'accaparer tout entière. Celui-ci avait l'esprit sombre et inquiet, le caractère cruel et ambitieux, les formes et les manières brutales et grossières. Plus que son beau-père peut-être il détestait les Français; du reste les janissaires se plaisaient à reconnaître qu'il était apte à conduire les affaires de l'odjak, et les soldats l'aimaient parce qu'il se disait l'ami et le défenseur de la milice.

Des difficultés ne tardèrent pas à s'élever entre le nouveau gouvernement et la France, relativement à l'exécution des traités de 1666 et 1668; M. d'Arvieux, envoyé par Colbert, ministre de Louis XIV, pour réclamer l'exécution stricte de ces traités, ne put rien obtenir.

La paix n'était cependant pas encore rompue; mais le divan sentait la nécessité de faire la guerre à l'une des puissances qui comptaient le plus de navires de commerce sur la Méditerranée, afin de satisfaire les corsaires qui ne cessaient de se plaindre. En conséquence, il mit en question si l'on romprait définitivement avec la France, ou s'il ne convenait pas mieux de déclarer la guerre à l'Angleterre. Mahamet et son gendre poussaient au premier parti; mais le divan balançait, moins par affection pour la France que par la crainte qu'inspirait déjà le grand nom de Louis XIV (1675), lorsqu'un simple janissaire s'avisa de faire observer que *les Français pouvaient faire cuire leur soupe dans leur pays, et venir la manger à Alger*. La majorité se prononça aussitôt contre les Anglais.

Plusieurs années se passèrent encore sans hostilité ouverte avec la France, mais aussi sans que le dey voulût reconnaître sans restriction les anciens traités. De nouvelles négociations, de nouveaux pourparlers eurent lieu, sans aucun résultat. Le vieux Mahamet-Trick, fatigué de toutes ces discussions, et craignant quelque soulèvement de la milice, s'enfuit d'Alger, et va chercher un refuge à Tripoli (1681). Son gendre Baba-Hassan lui succéda. Ce nouveau dey excita la milice contre nous, et la guerre fut solennellement déclarée. L'ordre d'armer des corsaires suivit de près cette déclaration; Hassan ne tarda pas à se repentir d'avoir poussé à cette guerre.

LOUIS XIV FAIT BOMBARDER ALGER.

Louis XIV sentit sa dignité blessée par l'insolence de ces pirates, qui se jouaient de tous les engagements et de tous les traités. Il résolut de les châtier d'une manière terrible, persuadé avec raison que c'était le seul moyen de les forcer à cesser leurs brigandages.

Cette résolution eut le sort de toutes les grandes mesures que prennent les gouvernements, elle fut approuvée des uns et condamnée par les autres. Il en a été de même de l'expédition de 1830, dont les résultats ont été bien autrement importants que ceux obtenus par Louis XIV. La cour du grand roi tout entière et le corps de la marine applaudirent avec enthousiasme à l'idée d'une entreprise devant laquelle tant d'armées navales avaient échoué. Le commerce la désapprouva ; il y voyait sa ruine. Il prétendait que cette guerre devait être fatale à la France, par les pertes immenses qu'elle causerait au commerce maritime et qu'elle coûterait au trésor public. On disait qu'il était préférable de se désister de quelques articles des traités, que les Algériens ne voulaient plus admettre, et faire la paix avec le divan, moyennant qu'il déclarerait aussitôt la guerre à la Hollande et à l'Angleterre ; de cette manière, ajoutait-on, *la France aura le monopole du commerce dans le Levant et la Barbarie, et s'enrichira en raison des pertes que feront les autres nations.* Ces considérations n'étaient pas dénuées de fondement ; mais dans les circonstances actuelles, et sous le règne du grand roi, la France pouvait-elle s'arrêter à cette manière de voir d'une politique étroite et égoïste ? Louis XIV avait des insultes à punir ; et reculer devant le châtiment de ces barbares eût été une tache à sa gloire. Confiant dans le succès de son entreprise, ne pouvait-il pas d'ailleurs, une fois la satisfaction obtenue, renouveler la paix et faire un traité honorable, que la crainte de ses armes maintiendrait beaucoup mieux que les condescendances auxquelles on voulait l'entraîner, et par ce moyen dédommager le commerce de ses pertes ?

Aussitôt que l'Angleterre apprit la mésintelligence qui existait entre le cabinet de Versailles et le divan, elle se hâta d'en profiter pour faire sa paix avec la régence. Les Algériens avaient pris trois cent cinquante bâtiments de commerce, appartenant à la Grande-Bretagne, pendant la dernière guerre

Algérie moderne.   5

qu'ils lui avaient déclarée. Le cabinet anglais se désista de toutes réclamations à cet égard ; il rendit les Turcs pris par les vaisseaux anglais, sans réclamer ceux de ses sujets qui étaient renfermés dans les bagnes d'Alger ; enfin il acheta cette paix au moyen d'une fourniture considérable en matériel de guerre. Le père Levacher, qui, dans sa correspondance, rend compte de cette négociation, ne balance pas à la qualifier de *honteuse*.

EXPÉDITION DE DUQUESNE.

Avant d'attaquer Alger, le roi donna ordre à l'amiral Duquesne, qu'il avait chargé de cette expédition, de détruire les corsaires Tripolitains, dont il avait également à se plaindre. Duquesne en conséquence attaqua d'abord les navires de Tripoli, coula ou prit tous ceux qu'il rencontra. Un grand nombre de ces pirates s'étaient refugiés dans l'île de Scio, qui appartenait au grand-seigneur : Duquesne n'hésita pas à les y poursuivre, et la citadelle de Scio ayant voulu les protéger, il foudroya tout à la fois les corsaires et la forteresse, et ne se retira qu'après avoir coulé à fond quatorze bâtiments des pirates, et abattu les remparts de la citadelle et les autres ouvrages qui faisaient face au port.

On avait espéré que cette terrible exécution intimiderait les Algériens et les engagerait à demander la paix ; mais ils continuèrent leurs courses avec d'autant plus d'activité que maintenant ils n'avaient plus rien à craindre de l'Angleterre. Duquesne fit alors voile pour la côte d'Afrique, et parut en rade d'Alger, le 30 août 1682. Son escadre était composée de onze vaisseaux de guerre, quinze galères et cinq galiotes à bombes, armées chacune de deux mortiers. C'était la première fois que l'on faisait usage de bombes dans la marine, et cette nouvelle invention était due au chevalier Renaud d'Eliçagaray. Duquesne fit aussitôt commencer le feu. Les bombes qui tombaient dans tous les quartiers de la ville y portèrent bientôt la désolation et l'effroi. Le 4 septembre, Baba-Hassan envoya à bord de l'amiral le P. Levacher, avec le drogman (interprète) du consulat, pour lui demander de faire cesser le feu et d'entrer en négociation de paix. L'amiral répondit fièrement qu'il était venu pour châtier les pirates, et que, s'ils avaient des propositions à faire, ils devaient se présenter eux-mêmes. La nuit suivante le bombardement recommença, et le lendemain l'amiral dit aux envoyés du dey, qui reparurent de nouveau, que si le divan voulait au préalable rendre les Français qui étaient dans les bagnes, on pourrait ensuite parler de paix : à cette réponse, la ville se souleva, et l'on décida que les hostilités continueraient. Le 12 septembre, les vents contraires forcèrent l'amiral à quitter la rade d'Alger et à rentrer à Toulon.

Cette première tentative avait étonné les Algériens, et leur avait donné une juste mesure de ce que la France pouvait faire pour se venger de leurs insultes. Hassan se repentait d'avoir provoqué cette guerre ; et si la milice y eût consenti, il eût envoyé immédiatement un ambassadeur à la cour de France, pour entrer en accommodement ; mais les janissaires étaient trop exaspérés, et la guerre continua.

L'année suivante, au mois de juin, l'armée navale de France reparut. Duquesne ne fit aucune démarche pour encourager les Algériens à faire des propositions de paix, et le 26, à minuit, le feu des galiotes recommença. La grande mosquée fut renversée, le palais du dey fut réduit en cendres, et un grand nombre de maisons furent ruinées de fond en comble. Ce triste spectacle détermina le dey et la milice à demander la paix. Le père Levacher et le drogman furent de nouveau envoyés auprès de l'amiral, pour demander à entrer en négociation. Duquesne répondit, comme la première fois, qu'il n'écouterait aucune proposition avant qu'on ne lui eût délivré tous les Français esclaves à Alger. Le divan consentit à ces conditions ; on convint d'échanger des otages pendant la discussion des articles du traité. Baba-Hassan envoya à M. Duquesne le fameux corsaire Mezzomorto et le général des galères pour servir d'otages, tandis que MM. Hayet, commissaire de marine, et Descombe, ingénieur, étaient débarqués et reçus par le dey. Les esclaves arrivèrent à bord par différents envois qui se succédèrent pendant plusieurs jours de suite. Pendant cette opération on travaillait au traité qui était sur le point d'être signé ; mais la conclusion en était retardée par un parti nombreux qui ne voulait point de la paix ; de ce nombre étaient les reïs et tous les gens de la marine. Dans cette circonstance, Mezzomorto proposa à l'amiral de l'envoyer à terre, l'assurant qu'il en ferait plus en une heure que Baba-Hassan en quinze jours. Duquesne, qui connaissait l'influence de ce reïs, consentit à sa demande, fit revenir un de ses otages, et laissa partir Mezzomorto. En quittant son bord, celui-ci prit la main de l'amiral, et l'assura que bientôt il aurait de ses nouvelles. En effet, Mezzomorto ne fut pas plutôt à terre, que, s'entourant de reïs et de mécontents, il se rendit au palais du dey, lui reprocha vivement d'avoir fait la paix avec la Hollande et l'Angleterre, et de vouloir encore la faire avec la France. Ensuite il le fit poignarder, endossa le caftan du défunt, et se fit proclamer dey à sa place. En même temps il fit arborer le drapeau rouge sur tous les forts, et ordonna de tirer le canon de toutes les batteries contre la flotte française. M. Hayet fut renvoyé à bord, chargé de dire à l'amiral que, si on recommençait à tirer des bombes, il ferait placer les Chrétiens à la bouche des canons.

Malgré cette menace, le feu des galiotes recommença la nuit suivante. Alors Mezzomorto fit attacher le consul de France, le père Levacher, à la bouche d'un canon, et y fit mettre le feu. Vingt-deux autres Chrétiens subirent le même supplice. Cet excès de barbarie irrita tellement l'amiral qu'il ne quitta Alger qu'après avoir épuisé toutes ses munitions de guerre. La ville fut presque en entier réduite en cendres. Le feu était si violent qu'il éclairait à plus de deux lieues la surface de la mer. Presque tous les vaisseaux furent incendiés dans le port ; toute la partie basse de la ville et plus des deux tiers de la haute furent détruits.

Le terrible châtiment qu'ils venaient de subir força enfin les Algériens à demander la paix. Elle fut signée par M. de Tourville, qui parut devant Alger avec une escadre, au mois d'avril 1684. Le divan envoya un ambassadeur en France pour demander au roi la ratification du traité. Dès qu'il l'eut obtenue, le dey s'occupa de réparer les ravages affreux que le canon et les bombes des Français avaient faits dans la ville.

EXPÉDITION DU MARÉCHAL D'ESTRÉES.

Cette paix ne fut pas mieux observée que les autres; Louis XIV, fatigué des plaintes qui lui arrivaient de toutes parts, entreprit de nouveau de détruire les corsaires d'Alger. Il donna ordre à ses vaisseaux de les poursuivre sur tous les points de la Méditerranée, et au maréchal d'Estrées de se rendre devant Alger avec une escadre, et de bombarder de nouveau cette ville, s'il n'obtenait pas toutes satisfactions de son gouvernement.

Le maréchal arriva en rade d'Alger à la fin de juin 1688. Mezzomorto répondit avec dédain aux demandes de l'amiral français. Aussitôt le bombardement recommença. Pendant quinze jours, du 1er au 16 juin, dix mille bombes tombèrent dans la ville et y causèrent un affreux désordre; cinq gros corsaires furent coulés, la plupart des batteries démantelées, et la tour du fanal rasée. Beaucoup d'Algériens succombèrent, notamment sous les ruines de leurs maisons, et Mezzomorto lui-même, atteint d'un éclat de bombe, fut blessé à la tête. La fureur de ces pirates ne tarda pas à se manifester par les mêmes actes d'atroces vengeances qui avaient signalé le bombardement de 1683. Les Français les plus marquants furent sacrifiés. Le vénérable père Montmasson, vicaire apostolique, qui, conduit par son zèle, avait quitté la cure de Versailles pour aller en Afrique, fut livré le premier au supplice du canon. Le consul le suivit, ainsi qu'un religieux, sept capitaines et trente matelots. Dès que le maréchal eut appris, par des esclaves échappés, la scène de carnage qui s'était passée sur le môle, il s'abandonna à tout ce que la colère pouvait lui inspirer; et oubliant le caractère d'humanité qui avait toujours distingué les Chrétiens de ce peuple barbare, il fit saisir dix-sept des principaux Turcs qui étaient à son bord, et après les avoir fait égorger, laissa flotter leurs cadavres sur un radeau jusqu'à l'entrée du port. Ces sanglantes représailles firent suspendre aux Algériens leurs épouvantables exécutions. Peu après d'Estrées remit à la voile et rentra dans Toulon.

Cette expédition fut suivie d'un nouveau traité en 1689. On y stipulait que les esclaves seraient réciproquement rendus; que les bâtiments saisis par les Algériens seraient également restitués avec leurs cargaisons et équipages ; que les étrangers passagers sur les vaisseaux français, et les Français sur les navires étrangers, s'ils n'étaient pas à la solde, ne seraient point faits esclaves, et qu'enfin les Algériens ne pourraient capturer leurs ennemis à moins de dix lieues des côtes de France. Un ambassadeur, Mohamed-el-Emin-Cogea, fut envoyé en France pour le présenter à l'approbation du roi, qui le ratifia.

Egalement mécontents des déprédations répétées de ces barbares contre leur commerce, les Anglais renoncèrent aux égards et à la longanimité qu'ils leur avaient trop longtemps témoignée, et imitèrent la conduite énergique de la France. Le capitaine Breach ayant rencontré, en 1700, une escadre algérienne, l'attaqua et détruisit ou prit sept de leurs frégates. L'occupation de Gibraltar et de Port-Mahon par les Anglais, dans le commencement du dix-huitième siècle, en rapprochant cette nation des côtes de Barbarie, augmenta la terreur qu'elle inspirait aux pirates, qui désormais la voyaient plus près d'eux que la France même.

Au reste, ces terribles châtiments, infligés par les deux plus grandes puissances maritimes de l'Europe, firent sur les Algériens une profonde impression qui s'est conservée pendant tout le dix-huitième siècle.

PRISE D'ORAN PAR LES ALGÉRIENS. — EXPÉDITIONS DE L'ESPAGNE CONTRE ALGER DANS LE DIX-HUITIÈME SIÈCLE.

La province d'Oran, abandonnée à peu près à elle-même, sous le gouvernement de ses beys particuliers, se voyait continuellement en proie aux tentatives des souverains de Maroc, en lutte, dans l'ouest de la régence, avec la domination turque, taxée par eux d'usurpation. Vers 1707, le chérif Mouley-Ismaël s'avança, suivi de nombreuses tribus qui, suivant quelques traditions, datent de cette époque leur établissement dans le pays, et du nombre desquelles paraissent être les

Douaïrs et les Abid. Mouley-Ismaël, après avoir vu ses forces dispersées par les tribus de la province, et particulièrement par les Beni-Amer, dut renoncer tout-à-fait à l'espérance d'étendre de ce côté la domination marocaine.

Dans le moment même où les Turcs remportaient sur les Musulmans de l'ouest cet avantage décisif, le bey Mustapha-bou-Chelagham rentrait en possession de la ville d'Oran (1708). Cette ville, depuis que les événements qui suivirent la mort de Charles II et la guerre de la succession occupaient l'Espagne, se trouvait dénuée de tout, et hors d'état de faire une longue résistance. Le fort Saint-Philippe se rendit le premier, à la condition que la garnison serait libre; elle n'en fut pas moins mise en esclavage. Le fort Sainte-Croix se rendit par trahison, et le château Saint-Grégoire, défendu par un moine, résista avec courage : le 1er septembre, il fut pris d'assaut, et la garnison tout entière fut massacrée : enfin la ville succomba. Peu après, Mers-el-Kébir, avec 1,200 hommes de garnison, pressés par la famine, fut obligé de capituler. La perte de ces deux places fut vivement sentie à la cour d'Espagne.

Oran conquise redevint quelque temps la capitale des beys de la province. Mais lorsque l'Espagne eut enfin échappé aux guerres civiles qui l'avaient longtemps désolée, et que Philippe V se vit solidement affermi sur son trône, le comte de Mortemart reçut l'ordre de faire rentrer sous la domination de l'Espagne une possession pour laquelle elle avait fait déjà de grands sacrifices, et qu'elle n'avait laissé échapper que par l'effet d'une surprise. L'armée espagnole, forte de 25,000 hommes d'infanterie et de 3,000 hommes de cavalerie, débarqua à Mers-el-Kébir, à la fin de juin 1732. Elle entra dans Oran presque sans combat. Cette ville redevint encore pour soixante ans une dépendance de l'Espagne, et ne fut soustraite à sa domination qu'en 1790. A cette époque, un tremblement de terre effroyable ayant renversé une partie de la ville, en détermina l'évacuation définitive et la remise entre les mains du bey établi à Mascara.

Toutes les expéditions entreprises par l'Espagne contre

l'Algérie, à l'exception de celle du comte de Mortemart, n'eurent aucun succès. La plus importante de toutes fut celle dont la direction avait été confiée au général O'Reilly, en 1775. Ce général, qui jouissait de toute la confiance de Charles III, fut mis à la tête d'une armée de 30,000 hommes, en cavalerie et infanterie des meilleures troupes d'Espagne, avec une artillerie de 100 bouches à feu. Cette expédition échoua complétement par suite des fautes qui y furent commises, et l'armée espagnole se vit obligée de se rembarquer après avoir essuyé des désastres que pouvaient seuls rappeler ceux éprouvés en 1541 par l'armée de Charles-Quint.

En 1783 et 1784, les Espagnols firent encore plusieurs attaques contre Alger, moins malheureuses que les précédentes, mais qui n'eurent néanmoins aucun résultat avantageux. Toutes ces expéditions tentées contre les Algériens par l'Espagne lui furent en général si désastreuses que, pour caractériser une entreprise militaire mal conçue, exécutée sans art et sans énergie, les Algériens l'appellent, en *langue franque*, une *Spagnolata*.

La cour de Madrid, découragée, se vit obligée de s'humilier devant ces pirates ; elle acheta d'eux la paix en 1785, moyennant une somme de six millions de francs, un présent de munitions de guerre, et d'autres objets d'une égale valeur.

RELATIONS DE LA FRANCE AVEC ALGER, DE 1790 A 1815.

Pendant tout le dix-huitième siècle, la France conserva son ascendant sur la régence d'Alger. La révolution de 1789 occasionna quelques petites altercations, suscitées par la jalousie inquiète de quelques agents étrangers. Mais la France, devenue république en 1793, n'en exerça pas moins son influence sur les Barbaresques.

L'expédition d'Egypte, en 1798, ralluma la guerre entre la Porte-Ottomane et la république française. L'événement le plus important de cette guerre, en Algérie, fut l'expulsion des négociants français établis à Bône et à la Calle. Elle eut lieu sans violence, et sans aucun de ces actes de cruauté que ces peuples barbares ont coutume de commettre dans leurs déclarations de guerre contre les Chrétiens. Ils en usèrent bien différemment en 1827, au commencement de leurs hostilités avec la France.

La paix fut rétablie, en 1801, entre le premier consul de France et le pacha d'Alger (1), longtemps avant le traité définitif qui renouvela les anciennes liaisons d'amitié entre la Porte-Ottomane et la France. Bonaparte, devenu empereur des Français, continua, pendant tout son règne, d'exercer une grande influence sur le gouvernement d'Alger. Les états d'Italie, placés sous la protection de l'empire français, cessèrent dès lors d'être en butte aux pirateries des Barbaresques.

L'Angleterre, quoique maîtresse des mers, était bien loin d'avoir, à cette époque, à Alger, une influence aussi puissante. Deux de ses consuls avaient été chassés successivement par le dey Mustapha, et ni les négociations de la cour de Londres, ni la présence de l'amiral Nelson devant Alger, avec une escadre de onze vaisseaux de ligne (1804), ne purent parvenir à rétablir le consul expulsé.

Ali-Pacha, qui gouvernait la régence à cette époque, signala son long règne par ses cruautés et ses vexations envers diverses puissances de l'Europe. Enfin il fut assassiné, en 1814, par un cuisinier noir qu'il avait à son service. À sa mort, deux deys, successivement élus, périrent en moins de quinze jours.

Omar, habile guerrier, qui venait de terminer la guerre contre le rebelle Mahmoud, bey de la province d'Oran, fut proclamé dey par la milice algérienne, le 7 avril 1815. Une

___

(1) En 1710, le dey Baba-Ali renvoya à Constantinople le pacha que la Porte avait nommé à Alger, en déclarant au sultan Achmet III que les Algériens ne voulaient plus désormais recevoir ces vice-rois, qui du reste, depuis l'établissement des deys, ne jouissaient d'aucune autorité. Le sultan, dont les ministres avaient été gagnés par les présents de Baba-Ali, dissimula cette injure, et se contenta de réunir la dignité de pacha à celle de dey. Depuis cette époque, jusqu'à la conquête des Français, tous les deys nommés par la milice ont été revêtus de la dignité de pacha par le grand-seigneur. C'est sous ce dernier titre seulement qu'ils étaient connus à Alger, et le nom de dey n'était employé que par les Européens.

des premières opérations du nouveau pacha fut de conclure la paix avec les Etats-Unis d'Amérique, auxquels son prédécesseur avait déclaré la guerre dès le commencement de son règne.

ENVOI D'UN CONSUL DE FRANCE A ALGER, EN 1815.

Après la paix générale (1815), la France envoya à Alger un consul-général pour reconstituer notre système politique et commercial dans les états barbaresques. Ce consul était M. Deval, qui, né dans le Levant, connaissant parfaitement la langue turque et les usages des Orientaux, devait servir utilement les intérêts de la France. Une de ses premières opérations fut le rétablissement de la France dans la jouissance de ses droits, acquis depuis plusieurs siècles, sur le littoral maritime compris entre la Seybouse et le cap Bon. De son côté, le dey réclama du gouvernement français des sommes considérables dues à deux négociants juifs d'Alger, nommés Bacry et Busnach, pour des fournitures de blé faites à la France pendant les premières années de la république. Ce fut l'objet de longues négociations, qui causèrent en partie la rupture qui éclata dans la suite.

EXPÉDITION DE LORD EXMOUTH.

La tranquillité dont avait joui la régence d'Alger pendant les longues et sanglantes guerres qui suivirent la révolution française, l'impunité avec laquelle ses corsaires s'étaient livrés à leurs courses, avaient exagéré à ses yeux sa propre puissance et la faiblesse des nations chrétiennes. En voyant, après 1815, tous les gouvernements européens nouer des relations avec ceux-ci, rechercher leur alliance, les Algériens se crurent en droit d'agir avec insolence. Des atrocités furent commises sur quelques Anglais qui, sur la foi des traités, résidaient à Bône. Le gouvernement de la Grande-Bretagne envoya sur-le-champ l'ordre à lord Exmouth d'obtenir des Algériens une réparation éclatante. L'amiral anglais partit de Gibraltar, au mois de mai

1816, avec 12 vaisseaux, 4 bombardes et 2 petits bâtiments. Il était accompagné par une escadre hollandaise forte de six frégates et d'un brick.

Cette flotte se présenta d'abord devant Alger pour demander, au nom des grandes puissances européennes, l'abolition de l'esclavage des chrétiens. Le dey assembla aussitôt son conseil, qui, tout d'une voix, décida qu'il fallait plutôt périr que de se soumettre aux propositions de l'Angleterre. Mais le dey, sans faire connaître à lord Exmouth sa résolution, chercha à gagner du temps, afin d'accroître et de perfectionner ses moyens de défense; il lui répondit en conséquence que la question était d'un trop haut intérêt pour qu'elle pût être résolue d'une manière définitive par lui-même; que la régence d'Alger étant une dépendance de l'empire ottoman, il lui était indispensable de prendre à ce sujet les ordres du grand-seigneur.

Lord Exmouth était bien convaincu que cette réponse n'était qu'une défaite; aussi n'aurait-il pas hésité à commencer les hostilités, s'il n'eût reconnu que les ouvrages défensifs d'Alger étaient trop forts pour qu'avec les seuls moyens qu'il eût alors à sa disposition il pût les attaquer avec succès. Il parut en conséquence se contenter de l'observation du dey, et il retourna à Gibraltar. Mais le gouvernement anglais renforça aussitôt l'escadre de lord Exmouth, et lui donna ordre d'attaquer Alger, si le dey n'accédait pas aux premières propositions.

L'amiral anglais reparut avec sa flotte devant Alger le 27 août; il renouvela aussitôt ses demandes, et donna trois heures au dey pour y répondre. Celui-ci repoussa avec énergie les propositions des Anglais, et se prépara à combattre. Pendant les pourparlers, lord Exmouth avait disposé sa ligne d'attaque, sans rencontrer le moindre obstacle; ses vaisseaux s'étaient embossés à portée de pistolet vis-à-vis des batteries du môle et des autres situées dans la partie occidentale de la ville. La *Reine-Charlotte*, vaisseau de 120 canons, monté par l'amiral, mouilla en travers à l'entrée du port, de manière à prendre en flanc et de revers une partie des batteries les plus avancées. Tous ces mouvements s'étaient exécutés avec ordre, en silence, et avec une précision admirable. Il semblait que, de part et d'autre, on craignît de commencer les hostilités. Enfin les batteries du môle commencèrent le feu, en tirant sur la *Reine-Charlotte*. A l'instant, les vaisseaux anglais, comme s'ils eussent attendu ce signal, ouvrirent un feu général et terrible. Les bombes pleuvaient dans la ville ; les batteries du môle furent bientôt balayées et réduites au silence, la flotte algérienne renfermée dans le port fut incendiée. Les batteries basses du môle, étant casematées, résistèrent seules à ces épouvantables bordées ; et firent beaucoup de mal aux assaillants. Le combat, commencé à trois heures de l'après-midi, continuait encore à neuf heures du soir. La flotte anglaise avait beaucoup souffert ; plusieurs bâtiments étaient démâtés ; 900 morts et 1,500 blessés avaient sensiblement diminué la force de ses équipages. La brise de terre qui s'éleva à neuf heures et demie lui permit de lever l'ancre et de gagner le large.

Cependant une révolte qui avait éclaté dans la ville, pendant le combat, menaçait les jours du dey, s'il ne consentait à traiter avec les Anglais. Ce prince, intimidé par ce mouvement populaire plus qu'il ne l'avait été par l'attaque si meurtrière de lord Exmouth, donna sans restriction, le lendemain (28 août), son consentement aux propositions qu'il avait refusées la veille.

Les conditions du traité furent en conséquence : 1° abolition pour toujours de l'esclavage des Chrétiens ; 2° la mise en liberté de tous les esclaves qui se trouvaient dans tous les états d'Alger, de quelque nation qu'ils fussent ; 3° la restitution, entre les mains de l'amiral anglais, d'une somme très forte qui avait été payée au dey, quelque temps auparavant, pour le rachat de 370 esclaves chrétiens; 4° enfin une indemnité au consul anglais pour les pertes qu'il venait d'éprouver, à cause des hostilités.

Cette expédition et ses résultats firent alors une grande sensation dans toute l'Europe ; on admira avec raison l'habileté de lord Exmouth et le courage de ses marins. On crut que la régence d'Alger n'oserait plus lever la tête, et que l'esclavage des Chrétiens serait réellement et à jamais aboli.

Mais les Algériens ne tardèrent pas à revenir de leur terreur ;

ils se mirent avec ardeur à réparer leurs fortifications, à reconstruire leur marine, et à établir de nouvelles batteries. Une, entre autres, de 24 pièces de 36, fut élevée pour battre la position que lord Exmouth occupait à l'entrée du port. Bientôt toutes leurs pertes furent réparées, leurs désastres furent oubliés, ils reprirent toute leur insolence, et recommencèrent leurs courses. En 1819, une escadre anglo-française, envoyée par le congrès d'Aix-la-Chapelle, vint signifier au nouveau dey Husseyn la résolution des grandes puissances de faire cesser la piraterie. Husseyn protesta contre cette notification présentée au nom du congrès, et cette affaire n'eut aucune suite. En 1824, les Anglais furent obligés de renvoyer devant Alger une nouvelle flotte pour demander satisfaction de plusieurs actes de piraterie ; cette fois tout fut terminé par une négociation. A la même époque, les différends qui existaient déjà entre le dey et le gouvernement français prirent un degré d'animosité qui ne fit que s'accroître jusqu'à la rupture définitive en 1827.

CHAPITRE V.

Causes de la dernière guerre entre la France et la régence d'Alger. — Blocus des ports de la régence. — Insulte faite à un parlementaire français. — Indignation de la France. — L'expédition est résolue. — Préparatifs. — Départ et arrivée de la flotte française. — Débarquement de l'armée à Sidi-Ferruch. — Tempête. — Bataille de Staouéli. — Combat de Sidi-Khalef. — Siége d'Alger. — Capitulation. — Suites de la capitulation d'Alger ; expédition de Bône et d'Oran. — Expédition de Tittery. — Révolution de 1830. — Arrivée du général Clausel. — Départ de M. de Bourmont. (1827-1830.)

CAUSES DE LA DERNIÈRE GUERRE ENTRE LA FRANCE ET LA RÉGENCE D'ALGER.

Le nouveau dey d'Alger, Husseyn-Pacha, arrivé au pouvoir en 1818, s'était toujours montré hostile à la France. Un de ses premiers griefs vint de ce que, dans la liquidation qui eut lieu, en 1819, des créances Bacry et Busnach sur le gouvernement français, celui-ci avait retenu 2,500,000 francs qui furent déposés à la caisse des consignations, au profit des créanciers français des fournisseurs algériens. Le dey prétendit que cette somme devait lui être remise, et que c'était à lui à juger de la validité des créances des sujets français sur ses sujets à lui-même. Malgré les observations de M. Deval, notre consul, Husseyn persévéra dans cette étrange prétention, et exigea que le consul en écrivît à son gouvernement. Comme la réponse du ministère français se faisait attendre, le dey voulut s'en venger par des vexations sans cesse renouvelées contre les Français qui habitaient la régence. Ainsi, en 1824, sous prétexte de contrebande, il fit exercer des perquisitions dans la maison du consul français à Bône; il établit une taxe arbitraire de dix pour cent sur toutes nos marchandises; il fit visiter et maltraiter des bâtiments de commerce français. Des navires de la marine romaine, qui naviguaient sous la protection du pavillon français, furent pris par les corsaires algériens, et leurs équipages réduits en esclavage, contrairement aux traités. Tous ces griefs amenèrent des démêlés sérieux, et plus d'une fois M. Deval menaça le dey d'une rupture ouverte, s'il ne réparait ses torts envers la France. Enfin, le 30 avril 1827, M. Deval s'étant rendu au palais du dey, avec les autres résidents européens, pour le complimenter, suivant l'usage, à l'occasion des fêtes du Baïram, une discussion s'éleva entre eux, et le dey s'anima tellement qu'il se répandit en invectives contre le consul français, et qu'il le frappa au visage avec le chasse-mouches qu'il tenait à la main.

Cette grossière insulte, faite au représentant de la France dans une occasion solennelle, en présence de tous les autres consuls européens, ne pouvait rester impunie, sans compromettre la dignité de la France elle-même. Une réparation prompte et éclatante était indispensable; elle fut immédiatement exigée. Le roi de France Charles X envoya à M. Deval l'ordre de cesser tout rapport avec le dey d'Alger, et de se tenir prêt à partir.

Le 11 juin 1827, une division française, commandée par le capitaine de vaisseau Collet, se présenta devant Alger pour emmener le consul et tous les Français résidant dans cette ville. Aussitôt après le départ du consul, le dey envoya l'ordre au gouverneur de Bône de détruire tous les établissements français qui existaient depuis plus de trois siècles dans le voisinage de cette ville, et notamment le fort de la Calle, construit pour protéger la pêche du corail. Les Arabes et les Kabyles qui furent chargés de cette exécution mirent tout à feu et à sang dans ces divers établissements, et les Européens qui s'y trouvaient, à l'exception d'un très petit nombre qui parvinrent à s'échapper, furent massacrés ou réduits en esclavage.

Ainsi les hostilités était commencées par le gouvernement algérien, et tout l'odieux de cette guerre retombait sur lui.

BLOCUS DES PORTS DE LA RÉGENCE.

Le gouvernement français n'eut pas d'abord la pensée de terminer tout d'un coup cette guerre en s'emparant d'Alger. Il pensa qu'un blocus étroit des ports de la régence suffirait pour détruire tout le commerce extérieur, y faire naître la misère et la famine, et par suite une réaction et des mouvements populaires qui pourraient renverser le dey ou l'obliger à changer ses dispositions politiques.

Le blocus fut en conséquence résolu. Pendant trois ans nos escadres se tinrent constamment le long des côtes de l'Algérie, ne permettant à aucun bâtiment d'entrer dans ses ports ou d'en sortir. Mais cette mesure fut loin de donner les résultats qu'on en avait attendus. Les ressources de l'intérieur suffirent pour alimenter les villes maritimes, et le blocus n'eut d'autre effet que de coûter à la France sept millions par an, et d'occasionner des maladies et une mortalité considérable sur les bâtiments employés à ce service fatiguant. Après avoir dépensé vingt-un millions, après avoir perdu une foule de braves marins, au nombre desquels était le contre-amiral Collet, chargé du commandement en chef de l'escadre du blocus, on reconnut qu'on n'avait fait éprouver aucun tort réel à l'ennemi, et que l'on n'était pas plus avancé que le premier jour.

INSULTE FAITE A UN PARLEMENTAIRE FRANÇAIS.

Enfin, en 1829, le gouvernement français résolut de prendre des mesures énergiques pour terminer cette guerre inutile et ruineuse, et punir les Algériens. Cependant, avant de s'engager dans une entreprise dont le succès pouvait être douteux, il crut devoir encore tenter la voie des négociations.

M. de La Bretonnière, alors capitaine de vaisseau, reçut la mission de porter au dey d'Alger des paroles de paix, et de lui offrir des conditions extrêmement modérées et honorables pour lui et pour la France. Husseyn-Pacha traita notre envoyé avec hauteur, il se prétendit lui-même offensé, et dicta des conditions onéreuses et inacceptables. M. de La Bretonnière, voyant que tout arrangement était impossible, se retira à bord du vaisseau la *Provence* qui l'avait amené ; mais au moment où ce vaisseau mettait à la voile, les batteries du môle firent feu sur lui, quoiqu'il n'eût cessé de porter au grand mât le pavillon de parlementaire. Leur feu continua jusqu'à ce que la *Provence* se trouvât hors de portée.

Les résidents européens qui se trouvaient à Alger témoignèrent au dey leur étonnement et leur indignation d'une telle infraction aux lois de la guerre et au droit des gens ; Husseyn-Pacha parut honteux lui-même de ce qui s'était passé ; il prétendit que les canonniers du môle avaient tiré sans ordre sur le vaisseau français, et pour le prouver il destitua le commandant du môle, et fit donner la bastonnade aux canonniers qui avaient servi les pièces. Cette exécution ne convainquit personne ; car le feu des batteries s'était prolongé pendant près d'une demi-heure, et s'il ne l'eût pas commandé, il l'aurait au moins fait cesser.

INDIGNATION DE LA FRANCE. — L'EXPÉDITION EST RÉSOLUE.

La nouvelle de cet événement indigna toute la France, des cris de guerre s'élevèrent de toutes parts, et l'on ne songea plus qu'aux préparatifs d'une expédition pour punir les Algériens.

Les cabinets européens approuvèrent une entreprise qui avait pour but de délivrer à jamais les nations chrétiennes d'un joug à la fois incommode et avilissant. Presque tous offrirent leur assistance, si elle était nécessaire.

Le ministère anglais, présidé par le duc de Wellington, présenta seul quelques objections fondées sur les intérêts commerciaux de la Grande-Bretagne. Il désirait savoir ce que la France serait disposée à faire de la régence d'Alger, après l'avoir conquise. — Le prince de Polignac répondit avec énergie : « Que » la France insultée ne demandait le secours de personne pour » venger son injure, et qu'elle n'aurait besoin de consulter » personne pour savoir ce qu'elle aurait à faire de sa nouvelle » conquête. »

Jamais expédition plus noble, plus libérale, plus juste, n'avait été conçue. Il s'agissait de châtier un peuple barbare et fanatique qui n'avait d'autre métier que la piraterie, et qui, depuis trois siècles, faisait une guerre acharnée contre toutes les nations européennes. Il s'agissait de porter la liberté, les lumières, la civilisation et les bienfaits de la religion chrétienne dans une contrée autrefois florissante, qui était tombée sous le joug du fanatisme mahométan, du despotisme politique, et de la plus profonde ignorance ; il s'agissait enfin de venger un attentat commis contre les lois de la guerre et les droits des nations (1).

PRÉPARATIFS.

Dès le commencement de 1830, d'immenses préparatifs furent faits dans les arsenaux de terre et de mer. Une flotte de 100 vaisseaux de la marine royale et de 250 bâtiments de transport se réunit dans la rade de Toulon pour transporter l'armée en Afrique, avec ses chevaux et son matériel.

Le comte de Bourmont, alors ministre de la guerre, fut nommé général en chef de l'armée d'Afrique. Les lieutenants-généraux, baron Berthezène, comte Loverdo et duc d'Escars furent désignés pour commander les trois divisions d'infanterie.

(1) M. le baron de Vinchon, histoire d'Algérie.

Les maréchaux de camp employés dans ces divisions furent :
Dans la première division, le baron Poret de Morvan, le baron
Achard, le baron Clouet; dans la deuxième, le comte Denis
Damrémont, le vicomte Monck d'Uzer et M. Colomb d'Arcine;
dans la troisième, le vicomte Berthier, le baron Hurel et le
comte de Moulivaut.

Le maréchal de camp vicomte de La Hitte, aide-de-camp du
Dauphin, fut chargé du commandement de l'artillerie. — La
direction du génie militaire fut confiée au maréchal de camp
baron Valazé. — Le baron Denniée fut nommé intendant en
chef.

L'amiral Duperré fut chargé du commandement en chef de
l'armée navale. Il avait pour second le contre-amiral Rosamel,
et pour major-général le contre-amiral Mallet.

L'armée de terre, forte de 37,000 hommes, s'embarqua à
Toulon, du 12 au 18 mai. Les équipages de la flotte se montaient à 27,000 hommes. Quand l'armée fut à bord, la flotte
portait 64,000 hommes, 4,000 chevaux, l'artillerie de siège et
l'artillerie de campagne, et les vivres nécessaires à cette multitude pour trois mois.

DÉPART ET ARRIVÉE DE LA FLOTTE FRANÇAISE.

Le 25, le vent qui jusque là avait été contraire, devint favorable vers midi; l'amiral fit le signal d'appareiller, à la
grande satisfaction des soldats et des matelots, qui s'ennuyaient
de leur longue inaction : à quatre heures toute l'armée navale
était sous voiles. La baie de Palma, dans l'île de Majorque,
avait été désignée comme le premier point central de ralliement, dans le cas de séparation ou de dispersion par l'effet de
la violence des vents.

La flotte, favorisée par les vents d'est, arriva le 30 en vue
des côtes d'Afrique. Mais le vent avait fraîchi, la mer était hou-
leuse, plusieurs bâtiments du convoi avaient été séparés de la
flotte, et n'étaient plus en vue; les navires du blocus vinrent
annoncer à l'amiral que la côte était inabordable, et que deux

des leurs avaient malheureusement péri au cap Bingut. L'amiral fit aussitôt le signal de virer le bord, et l'escadre alla se rallier dans la baie de Palma, où elle arriva le 2 juin.

Elle y resta jusqu'au 9, ce qui donna le temps à tous les transports dispersés de se rallier. Enfin, le 10 juin, l'armée navale reprit le chemin d'Alger; le 12, on découvrit les côtes d'Afrique, et le 13, jour de la Fête-Dieu, à neuf heures du matin, toute la flotte défila en ordre de bataille devant Alger, hors de la portée du canon, se dirigeant vers la presqu'île de Sidi-Ferruch, où devait s'effectuer le débarquement.

Deux bricks, le *Dragon* et la *Cigogne*, marchaient en éclaireurs à la tête de la colonne d'attaque. Ils étaient suivis par la *Provence*, vaisseau monté par l'amiral et par l'état-major de l'armée de terre; venaient ensuite le *Breslaw*, la *Surveillante*, la *Didon*, la *Pallas*, la *Guerrière*, l'*Herminie*, la *Syrène*, qui, étant destinés à attaquer la tour connue sous le nom de *Torre-Chica* et les batteries de la côte, avaient fait une branlebas général, et se tenaient prêts à engager le combat. Mais, au grand étonnement des marins, la tour et les batteries demeurèrent silencieuses, et l'on s'aperçut bientôt qu'elles avaient été évacuées par les Algériens. Les canons qui les armaient avaient été démontés et portés sur deux monticules situés à une certaine distance dans les terres, où les ennemis étaient occupés à se retrancher. Ces redoutes, situées à six cents toises de la plage, arbritaient un corps de l'armée algérienne, fort de 25,000 hommes, campé sur la route que devaient prendre les Français pour se rendre à Alger.

DÉBARQUEMENT DE L'ARMÉE A SIDI-FERRUCH.

Toute la flotte mouilla tranquillement dans la rade occidentale de Sidi-Ferruch. Cette presqu'île est située à cinq lieues à l'ouest d'Alger, et à demi-lieue de l'embouchure du Mazafran. Elle eût pu être défendue facilement, et on aurait pu établir sur la colline de Torre-Chica des redoutes et des batteries qui auraient rendu l'opération du débarquement extrêmement difficile et dangereuse. Mais l'ignorance des Algériens dans la construction de ces sortes d'ouvrages, et la crainte d'être tournés par des troupes qui débarqueraient à l'embouchure du Mazafran, les avaient fait renoncer à défendre la presqu'île et les baies de Sidi-Ferruch.

L'amiral ordonna à deux bateaux à vapeur, le *Nageur* et le *Sphinx*, de s'approcher du rivage et de tirer des coups de canon dans la direction des redoutes sur lesquelles on voyait flotter les drapeaux ennemis. Les redoutes algériennes répondirent aussitôt, et continuèrent à tirer jusqu'au soir, sans nous faire de mal.

Dans la soirée du 13, toute l'armée reçut l'ordre de se tenir prête à descendre à terre, le 14, à trois heures et demie du matin. On distribua aux troupes des vivres, des munitions et des objets de campement. Le débarquement commença à l'heure indiquée, et eut lieu dans l'ordre le plus parfait, en commençant par la première brigade de la première division. Une batterie d'artillerie de campagne, une autre d'artillerie de montagne, les canonniers chargés du service des fusées à la Congrève, et une compagnie de mineurs, furent débarqués en même temps que la première brigade. Ces troupes prirent aussitôt position sur les collines sablonneuses de la presqu'île de Sidi-Ferruch, de manière à couvrir le débarquement qui s'opéra dans le plus grand ordre et avec toute la célérité possible.

Aux premiers rayons de l'aurore, on découvrit les ennemis réunis en assez grand nombre autour de leurs batteries. Aussitôt que le soleil parut, l'ennemi commença une canonnade, à laquelle notre artillerie de terre et celle de trois navires placés dans une position favorable répondirent sans beaucoup de succès.

Le débarquement continua dans le même ordre, malgré le feu très animé de l'artillerie algérienne. Les brigades françaises, composées presque entièrement de jeunes soldats qui voyaient l'ennemi pour la première fois, se formaient en colonnes et se déployaient successivement avec un ordre et un sang-froid admirables. On les voyait serrer leurs files avec empressement, à mesure que les boulets éclaircissaient leurs rangs. Enfin le général en chef donna ordre aux brigades de la première division (général Berthezène), de se mettre en mouvement et de se porter rapidement sur les redoutes des Algériens. Les troupes s'avancèrent avec enthousiasme, les redoutes furent attaquées, tournées et enlevées dans un instant. L'ennemi, abordé à la baïonnette, ne tint pas, se rompit, et se retira précipitamment, dans le plus grand désordre, sur les hauteurs en avant du plateau de Staouéli. La perte des Français, dans cette première journée, fut de trente-cinq hommes tant tués que blessés. Onze canons et deux mortiers tombèrent au pouvoir des Français.

L'armée se retrancha dans la presqu'île de Sidi-Ferruch, dont on fit l'entrepôt général des vivres, des fourrages, des tentes, et de tout le matériel de l'artillerie et du génie. Quand les bâtiments de transport chargés de ces objets eurent été débarqués, la défense des retranchements de la presqu'île fut confiée à trois mille marins détachés des équipages des vaisseaux de guerre, afin que l'armée de terre pût disposer de tout son personnel pour s'avancer sur Alger.

TEMPÊTE.

La journée du 15 se passa en escarmouches de tirailleurs. Le 16, l'armée fut assaillie par une de ces tempêtes furieuses, si fréquentes sur ces côtes, et qui fit naître les plus vives inquiétudes. Voici la description qu'en a faite un témoin oculaire (1).

« Ce furent, dit-il, des tourbillons de grêle et de pluie si épais qu'on n'y voyait pas à dix pas, un vent tellement impétueux qu'il forçait nos chevaux à se coucher, brisait les arbres, balayait les broussailles comme de la poussière; le tonnerre à la fois en cinq ou six endroits du ciel, et la mer, tantôt découvrant une large plage, tantôt venant s'y dérouler en lames furieuses, avec d'épouvantables mugissements. Presqu'au

(1) *Souvenirs de l'expédition d'Afrique*, publiés par M. de Penoër, dans la *Revue des Deux-Mondes*.

même instant, les vaisseaux étaient droits sur leur quille ou couchés par leur travers ; un grand nombre d'entre eux chassaient sur leurs ancres ; quelques-uns tiraient le canon d'alarme, menacés qu'ils étaient de faire côte ou de s'aller briser les uns contre les autres ; le rivage ne cessait de se couvrir de débris. C'était un spectacle effrayant à contempler. Ce qui néanmoins l'était bien davantage encore, ce qui éveillait dans les esprits bien d'autres craintes que les longs éclats de la foudre, toujours retentissants, c'étaient les souvenirs de tant d'autres expéditions terminées par de semblables événements ; c'étaient surtout, comme planant au milieu de la tempête, ceux de l'immense désastre de Charles-Quint, dont quelques-uns commençaient peut-être à s'entretenir à voix basse. Déjà en effet des conseils timides s'agitaient, disait-on, au quartier-général. Un moment la résolution fut prise d'abandonner notre position pour en prendre une autre plus rapprochée du rivage ; en cas de besoin, plus facile à défendre. Heureusement la tempête, après avoir duré plusieurs heures avec une violence toujours la même, sans relâche ou respirer, sans redoublement ou croire qu'elle allât s'épuiser, s'apaisa presque aussi soudainement qu'elle avait éclaté. »

BATAILLE DE STAOUÉLI.

Le 19, pendant la nuit, l'armée française s'était formée en ordre de bataille en avant de la presqu'île, dans la direction du plateau de Staouéli. Elle fut attaquée, dès que le jour parut, par une nuée de tirailleurs Turcs, Maures, Arabes et Kabyles. Ils se jetèrent sur les postes avancés, en poussant des hurlements affreux, et parvinrent à en culbuter plusieurs. Derrière eux marchaient deux fortes colonnes d'infanterie et de cavalerie, entremêlées. L'une était commandée par Ibrahim-Aga, chef des janissaires et ministre de la guerre, et l'autre par le bey de Constantine. Ibrahim-Aga commandait en chef toute l'armée ; il avait pour second le bey de Tittery.

La colonne d'Ibrahim-Aga était composée de trois mille janissaires, de cinq mille Kouloughis, de six mille Maures de

la ville, des troupes du bey de Tittery et de six mille Kabyles.
La colonne du bey de Constantine renfermait un détachement
de mille janissaires, les deux contingents de Constantine et
d'Oran, et six mille Kabyles. Cette dernière colonne marcha
contre la division Loverdo; la première attaqua la division
Berthezène.

Les colonnes algériennes se déployèrent à peu de distance
des positions occupées par les Français, et s'élancèrent avec
audace sur les deux divisions qui leur étaient opposées. La
cavalerie algérienne, après avoir rompu sur plusieurs points la
ligne des chevaux de frise, fit plusieurs charges en poussant
des cris horribles. Les soldats français, dociles à la voix de leurs
chefs, attendirent de pied ferme leur ennemi, et ne firent feu
que dans les moments les plus opportuns.

Ce fut en vain que les Algériens renouvelèrent leurs charges.
Le fer et le feu des bataillons, les obus et la mitraille, repoussè-
rent toutes leurs attaques. Le terrain en avant des divisions françaises était couvert de leurs cadavres.

Le comte de Bourmont, voyant l'hésitation des Algériens,
que tant d'attaques infructueuses commençaient à rebuter, et
la noble attitude des soldats français exaltés par leurs succès,
ordonna aux deux divisions Berthezène et Loverdo de quitter
leurs positions défensives, et de marcher contre l'ennemi avec
toute leur artillerie de campagne.

Aussitôt les brigades Clouet, Achard et Poret de Morvan
s'élancèrent avec la plus grande valeur sur les troupes commandées par Ibrahim-Aga, en même temps que les brigades Denis
Damrémont, Monck d'Uzer et Colomb d'Arcine se portaient
avec la même ardeur sur la division conduite par le bey de
Constantine.

Les feux roulants des bataillons qui étaient en tête de colonne,
les obus et la mitraille que vomissaient avec une célérité prodi-
gieuse les pièces d'artillerie, qui partout suivaient l'infanterie,
la marche rapide et compacte des brigades, leur impénétrabilité
qui repoussait les chocs, jetèrent un découragement général
parmi les Algériens. Se rompant, se dispersant de toutes parts,
ils abandonnèrent précipitamment et successivement leurs

positions, leurs redoutes, leur artillerie, leur camp avec leurs bagages, leurs approvisionnements et leurs chameaux.

Leur déroute fut complète. Les Français les poursuivirent à plus d'une lieue du champ de bataille, et s'établirent ensuite sur la position de Staouéli, dans les tentes algériennes, que l'ennemi, dans sa fuite désordonnée, n'avait pas eu le temps d'abattre et de détruire.

La perte de la bataille de Staouéli jeta la terreur et le découragement parmi les Algériens. Une grande partie des Kabyles et des Arabes, au nombre de 10 à 12 mille hommes, se débanda, et abandonna l'armée. Les janissaires et les Kouloughis rentrèrent en ville en poussant des cris affreux, en criant à la trahison, en menaçant le dey, et en publiant, pour atténuer l'effet moral de leur défaite, que les Français qu'ils avaient eu à combattre étaient au nombre de plus de cent mille.

COMBAT DE SIDI-KHALEF.

Quelques jours après, dans la matinée du 24 juin, les Algériens, revenus de leur terreur, tentèrent une attaque sérieuse, et se présentèrent au nombre d'environ trente mille hommes. La division Berthezène, appuyée par une partie de la division Loverdo, marcha contre eux avec le même ordre, la même assurance et la même rapidité de mouvements que dans la journée du 19. Les Algériens ne tinrent nulle part. Poussés vigoureusement et menés tambour battant près de deux lieues, ils arrivèrent au vallon de Backché-Dené, firent sauter, avant d'y descendre, un magasin à poudre qui avait été établi temporairement sur ce point, et prirent position sur quelques sommités du Bougiaria.

Dans cette affaire du 24, connue sous le nom de combat de Sidi-Khalef, Amédée de Bourmont, l'un des fils du général en chef, fut blessé grièvement. Voici en quels termes le père rend compte de cet événement dans son rapport. « Le nombre des hommes mis hors de combat a été peu considérable ; un seul officier a été blessé dangereusement : c'est le second des quatre fils qui m'ont suivi en Afrique. J'ai l'espoir qu'il vivra pour continuer de servir avec dévouement le roi et la patrie. » Cet espoir de la tendresse paternelle fut déçu : le jeune Amédée de Bourmont succomba le 8 juillet suivant par suites de sa blessure.

Avant d'attaquer l'ennemi dans la nouvelle position qu'il venait de prendre, il fallait attendre que le convoi chargé des vivres, des chevaux et de tout le matériel nécessaire pour entreprendre le siége d'Alger, fût arrivé à Sidi-Ferruch. Il ne put entrer dans la baie que dans les journées du 27 et 28 juin. Assuré désormais que rien ne pouvait retarder la marche de l'armée, le général Bourmont donna l'ordre d'attaquer, avant le jour, dans la matinée du 29, les positions des Algériens sur les hauteurs qui dominaient la vallée du Backché-Dené, de les pousser vigoureusement vers Alger, de les jeter dans cette ville, et d'en faire aussitôt l'investissement.

Cet ordre fut exécuté avec une précision et une rapidité extraordinaires. Les Algériens ne tinrent nulle part, et bientôt les troupes françaises couronnèrent le sommet du Bougiaria, d'où elles voyaient se déployer au-dessous d'elles, comme un superbe panorama, le fort de l'Empereur, la ville d'Alger, la Kasbah, tous les forts et les batteries de la côte, le cap Matifou et la grande plaine de la Métidjah.

SIÉGE D'ALGER.

Les travaux exécutés depuis le bombardement de lord Exmouth avaient rendu Alger imprenable du côté de la mer; mais du côté de la campagne cette ville n'était défendue que par le fort de l'Empereur. On nomme ainsi le château bâti, dans le seizième siècle, sur l'emplacement où Charles-Quint avait établi sa tente impériale, lors de sa funeste expédition de 1541. La possession de cette forteresse suffisait pour se rendre maître de la ville qu'elle domine entièrement. En conséquence on résolut de l'attaquer immédiatement. On ouvrit la tranchée dans la nuit du 29 au 30 juin. Pendant cinq jours les troupes de toutes armes travaillèrent avec un courage héroïque à creuser les tranchées et à élever les batteries, malgré les sorties fréquentes

Algérie moderne.   6

de l'ennemi, malgré le feu de 50 pièces de canon et d'un grand nombre de mortiers.

Les meilleurs cannoniers algériens, et environ quinze cents janissaires, s'étaient enfermés dans le fort de l'Empereur, qu'ils avaient juré de défendre jusqu'à la dernière extrémité. Ils tiraient avec tant de justesse que la plus grande partie de leurs bombes tombaient dans la tranchée, et que chaque jour coûtait aux assiégeants la perte de quatre-vingts à cent hommes.

L'amiral Duperré, pour produire une diversion favorable aux travaux du siége, s'avança avec sa flotte, à une demi-portée de canon des batteries maritimes de la place, et ouvrit contre elle un feu très animé. Il renouvela plusieurs fois la même démonstration, qui ne pouvait matériellement faire beaucoup de mal à l'ennemi, mais qui eut pour effet d'obliger un grand nombre de canonniers et de soldats de quitter la défense du fort de l'Empereur, pour se porter vers les batteries de mer.

Dans la nuit du 3 au 4 juillet, toutes les batteries de tranchée furent armées. Six pièces de 16 étaient placées à l'extrême gauche ; elles étaient le front d'attaque, et battaient de plein fouet le côté occidental du fort. Douze pièces de 24 composaient l'armement des batteries de brèche. Quatre mortiers à bombes et quatre obusiers de huit pouces étaient destinés à écraser les mauvaises casemates qui devaient abriter la garnison du château.

Jusqu'à ce jour les Français n'avaient fait usage que de petites pièces de campagne, dans les divers combats qui avaient eu lieu depuis le débarquement, et contre les sorties de la garnison du château. Aussi les Algériens s'étaient imaginé que l'armée française n'avait pas de pièces de gros calibre, et qu'elle voulait prendre la forteresse avec de l'artillerie de campagne. Ils se moquaient d'un tel projet, et quelques-uns d'entre eux avaient offert par dérision, à nos travailleurs de tranchée, de leur prêter de la grosse artillerie pour battre en brèche les solides remparts du château de l'Empereur.

Mais leur erreur fut bientôt dissipée. A la première lueur du jour, dans la matinée du 4 juillet, au signal d'une fusée

volante, toutes les batteries françaises commencèrent le feu.
Aussitôt une grêle de boulets de 16 et de 24 tomba sur les terre-
pleins des batteries du fort ; bientôt on vit des pans de murailles
s'écrouler, des canonniers tués à mesure qu'ils se présentaient
sur le rempart, pendant que les bombes et les obus tombaient
dans l'intérieur du château, y promenaient la destruction par
leur chute, par leurs ricochets, par leur explosion, au milieu
des nombreux soldats entassés dans ce petit espace.

A neuf heures et demie du matin, le château cessa de
répondre au feu non interrompu des batteries françaises. Tous
les canons étaient renversés, les affûts brisés, les canonniers
tués ou dispersés, les casemates enfoncées ; des monceaux de
cadavres couvraient les terre-pleins et les fossés.

Le dey, en apprenant ces tristes détails, donna ordre aux
débris de la garnison d'évacuer le fort, et de le faire sauter
ensuite en mettant le feu à la poudrière. Cet ordre fut exécuté ;
et une explosion épouvantable détruisit en un instant la tour
et les principaux bâtiments du château, couvrant tous les
environs de débris de canons, de pierres, de poutres et de
cadavres.

Cette explosion ne fit aucun mal à l'armée française. A peine
la poussière et la fumée furent elles dissipées, que nos soldats
se précipitèrent vers les débris fumants du château, pour en
prendre possession. Aussitôt on se fortifia sur les ruines de la
forteresse, et, sans perdre de temps, les sapeurs du génie et les
soldats de l'artillerie commencèrent la construction de nouvelles
batteries destinées à foudroyer la ville et la Kasbah.

CAPITULATION.

Le général Bourmont, avec son état-major général, s'était
porté sur les débris du fort l'Empereur, pour animer les
travailleurs par sa présence ; il y était déjà depuis quelques
instants, lorsqu'un parlementaire se présenta devant lui de la
part du dey. Husseyn faisait offrir d'abandonner toutes ses
anciennes créances sur la France, de se soumettre à toutes les
réparations qu'on avait exigées de lui avant la rupture, et de

payer tous les frais de la campagne, si les Français consentaient à quitter le pays. Le général refusa ces propositions, et déclara qu'il exigeait qu'on remît à l'instant aux troupes françaises les portes de la ville, la Kasbah, et tous les forts extérieurs, sans autre condition que d'accorder la vie sauve au dey, aux soldats turcs et aux habitants de la ville.

Deux nouveaux parlementaires se présentèrent bientôt, et, après quelques pourparlers, une convention préliminaire fut signée entre eux et le général Bourmont, d'après les bases ci-dessous :

1° L'armée française prendra possession de la ville d'Alger, de la Kasbah, et de tous les forts qui en dépendant, ainsi que de toutes les propriétés publiques, demain 5 juillet 1830, à neuf heures du matin.

2° La religion et les coutumes des habitants seront respectées. Aucun militaire de l'armée française ne pourra entrer dans les mosquées.

3° Le dey et tous les Turcs devront quitter Alger dans le plus bref délai. On leur garantit la conservation de leurs richesses personnelles. Ils seront libres de choisir le lieu de leur retraite.

Cette convention fut ratifiée le même jour par le dey et l'assemblée générale du divan. Le lendemain, à midi, l'armée française avait pris tranquillement possession des forts et de la ville d'Alger.

La prise de cette ville mit en notre pouvoir 1,500 pièces de canon et des munitions pour alimenter longtemps toute cette formidable artillerie, un trésor de cinquante millions, une grande quantité de marchandises de toute espèce, et une escadre dont les plus forts bâtiments étaient quatre frégates.

Cinq jours après la prise d'Alger, le 10 juillet, Husseyn-Pacha s'embarqua, sur une frégate française, avec toute sa famille et ses domestiques, formant une suite d'environ cent personnes des deux sexes ; il se rendait à Naples, lieu qu'il avait choisi pour sa résidence. Le lendemain, 11 juillet, tous les janissaires non mariés qui habitaient les casernes d'Alger furent embarqués sur des bâtiments de guerre français, qui les conduisirent à Vourla, près de Smyrne. Ils étaient au nombre d'environ quinze cents. On leur fit délivrer à chacun, au moment de leur départ, une somme de 27 francs; la même faveur fut accordée aux hommes mariés qui demandèrent à partir, ainsi qu'à chacun de leurs enfants. Cette conduite généreuse, qui contrastait avec leurs procédés cruels envers leurs prisonniers, les étonna et leur donna une haute idée du caractère français. Leur arrivée à Smyrne put seule convaincre les Turcs de la vérité de la nouvelle qui commençait à courir sur les triomphes de l'armée française, et sur la chute de la superbe Al-Djézaïr-el-Gazi (Alger la bien gardée, la victo-rieuse, le boulevard de la foi). Ils avaient considéré la conquête de la régence algérienne comme offrant de bien plus grands obstacles que celle de l'Egypte.

Ainsi quelques jours avaient suffi pour détruire ce nid de pirates, contre lequel avaient si souvent échoué les efforts de plus d'un puissant souverain, et la victoire de l'armée française avait fermé une des plaies les plus honteuses qui aient jamais affligé l'humanité, et vengé la chrétienté de tous les maux qu'Alger lui faisait éprouver depuis trois siècles.

SUITES DE LA CAPITULATION D'ALGER. — EXPÉDITION DE BONE ET D'ORAN.

La capitulation d'Alger substituait la France à tous les droits de souveraineté que possédaient le dey et la milice sur la régence. Le général en chef s'empressa en conséquence de prendre possession des points les plus importants du littoral maritime. Quelques jours après la prise d'Alger, il envoya son fils aîné à Oran, pour sonder les dispositions du bey de cette province, et lui remettre des lettres de commandement dans le cas où il consentirait à se soumettre et à servir la France.

Ce bey accueillit sans difficulté le mandataire du général en chef. A l'aide d'une faible garnison turque et mauresque, il défendait avec succès, depuis la chute d'Alger, la place d'Oran et le fort de Mers-el-Kébir contre les attaques continuelles des

Arabes et des Kabyles qui voulaient s'emparer de cette ville pour la piller. Il ne repoussa pas la proposition qui lui fut faite de remettre la place d'Oran et ses dépendances aux Français, conformément à la capitulation d'Alger. Mais, se disant vieux, et désirant le repos, il ne voulut pas consentir à se charger du fardeau difficile de gouverner cette province au nom des nouveaux dominateurs de la régence. Pour donner une preuve de sa franchise, il remit le fort de Mers-el-Kébir entre les mains d'un détachement formé de marins pris dans les équipages des deux bricks de guerre qui avaient escorté le négociateur français. D'après ses instances, le 21e de ligne fut envoyé à Oran pour y tenir garnison. Le colonel Goutefrey, qui le commandait, fut désigné pour y remplir les fonctions de gouverneur.

En même temps, le 26 juillet, une brigade d'infanterie, accompagnée d'une batterie de campagne et d'un détachement de sapeurs du génie, fut dirigée sur Bône, sous les ordres du maréchal-de-camp comte Denis de Damrémont. Ce général fut reçu à bras ouverts par les habitans de Bône, qui, redoutant les brigandages des Kabyles des montagnes voisines, considérèrent les Français comme des libérateurs. Le général Damrémont s'empressa de relever les fortifications de la kasbah ou citadelle de Bône, et d'élever des retranchements armés de canons sur les points les plus abordables de la ville. Ces précautions le firent triompher des attaques réitérées des Kabyles de la Seybouse, exécutées par le bey de Constantine.

Ce bey ne paraissait nullement disposé à se soumettre. Il avait refusé de répondre aux lettres amicales que M. de Bourmont lui avait écrites ; n'osant pas toutefois attaquer les Français directement, il excitait les scheiks arabes et kabyles à s'entendre et à se réunir pour empêcher, disait-il, les infidèles de s'établir dans la province de Constantine.

EXPÉDITION DE TITTERY.

Le bey de Tittery tint une conduite différente, mais plus perfide. Il s'empressa de faire sa soumission, et y mit une telle apparence de franchise, qu'il trompa complétement le comte de Bourmont. Celui-ci, plein de confiance dans les promesses du bey, s'engagea à faire une tournée jusqu'au pied de l'Atlas, et à visiter la ville de Blidah et la partie supérieure de la fertile vallée du Mazafran. Au moment où il allait entreprendre cette excursion, un chef arabe le prévint que le bey de Tittery, connu dans le pays par sa fourberie, ne songeait qu'à le trahir et à l'attirer dans un piége. M. de Bourmont répondit : « J'ai » promis d'aller à Blidah. Je passerais pour avoir peur si je ne » tenais ma parole. » Seulement, au lieu de ne prendre qu'une simple escorte de trois cents hommes, comme il en avait eu d'abord l'intention, il se fit accompagner de quatorze cents hommes, dont trois cents de cavalerie et une demi-batterie de campagne. Parti d'Alger le 23 juillet, le général arriva dans la même journée à Blidah, qui n'en est éloignée que de huit lieues. Reçu d'abord avec des démonstrations de dévouement et de respect, il se crut dans un pays ami, et commença à soupçonner de malveillance ceux qui avaient cherché à lui inspirer des craintes sur ce voyage. Mais le lendemain matin, dès la première lueur du jour, on vit toutes les montagnes des environs couvertes de nombreuses masses d'hommes armés qui attaquèrent presque aussitôt les sentinelles du quartier-général. Le premier aide-de-camp du général en chef, envoyé en reconnaissance, fut blessé mortellement. On connut alors toute l'étendue du danger. Vingt mille hommes enveloppaient de toutes parts cette poignée de Français, et il était facile de voir, aux dispositions des habitants de la ville, qu'ils n'attendaient que l'instant favorable pour se joindre aux ennemis du dehors.

Le comte de Bourmont forme aussitôt sa petite troupe en colonne, et se porte au pas de charge sur les ennemis qui couvraient la route par où il devait revenir à Alger. Partout les Arabes sont culbutés, et la colonne continuant sa marche en bon ordre, quoique continuellement harcelée, rentre le 25 au matin à Alger.

Les habitants de Blidah et les Kabyles de cette partie du petit Atlas se vantèrent d'avoir chassé et battu les Français. Cette nouvelle se répandit avec rapidité dans la régence et détruisit le prestige qui faisait regarder les troupes françaises comme invincibles. Bientôt les environs d'Alger se couvrirent de brigands audacieux, qui pillaient les cultivateurs, et arrêtaient les caravanes qui portaient des subsistances dans la ville. Tout soldat français qui s'éloignait un peu de ses cantonnements était aussitôt dépouillé et massacré par ces hommes féroces.

Cependant le bey de Tittery avait été trompé dans son attente. Il avait espéré s'emparer de la personne du comte de Bourmont, et pouvoir en faire la condition de la restitution d'Alger et du départ des troupes françaises. Il comptait tellement sur le succès qu'il s'était fait nommer dey d'Alger par une centaine de Turcs de l'ancien odjak qui se trouvaient près de lui. Quand il eut vu son plan déjoué, comme il s'était tenu à l'écart pendant l'attaque de Blidah, il tenta encore de leurrer le comte de Bourmont par des protestations de reconnaissance et de fidélité. Mais ce général ne tarda pas à savoir à quoi s'en tenir sur le compte de cet homme. Les trames d'une conspiration qu'il avait ourdie dans Alger avec des Turcs restés dans cette ville ayant été découverte, il leva tout-à-fait le masque, et écrivit au comte de Bourmont une lettre insolente dans laquelle il le menaçait de se présenter bientôt sous les murs d'Alger avec une armée de deux cent mille hommes. Ce manifeste étrange était signé de son prétendu titre Abduraman-Pacha.

Le comte de Bourmont s'inquiéta peu de la déclaration d'Abduraman; mais il voulut punir la conspiration des Turcs et en prévenir le retour à l'avenir. Presque tous les janissaires mariés ou propriétaires, qu'on avait autorisés à rester à Alger, sans définir la durée de leur séjour, avaient trempé dans le complot. Trente des plus notables furent d'abord arrêtés et embarqués sur un des vaisseaux de guerre mouillés dans la rade; puis tous les Turcs, sans distinction, qui se trouvaient dans la ville, reçurent l'ordre d'arranger leurs affaires et de s'embarquer dans six jours sur des bâtiments français destinés à les recevoir. On les fit ensuite partir pour Smyrne, où avaient été déjà transportés une partie de leurs camarades après la capitulation de la ville.

RÉVOLUTION DE 1830. — DÉPART DE M. DE BOURMONT. —
ARRIVÉE DU GÉNÉRAL CLAUSEL.

Jusqu'au 1er août 1830, les relations entre la France et
Alger avaient été fréquentes. Elles cessèrent tout-à-coup, et
pendant dix jours aucun navire venant de France n'entra dans
la rade. Cette interruption dans les communications jeta de
vives inquiétudes dans l'armée. De vagues conjectures, des
bruits sinistres circulaient de toutes parts. Bientôt on apprit
qu'en trois jours une révolution s'était accomplie ; que la
branche aînée des Bourbons avait été renversée du trône, et
envoyée en exil ; qu'un nouveau gouvernement avait été établi,
et qu'à sa tête avait été placé le duc d'Orléans, avec le titre de
roi des Français.

Le comte de Bourmont rappela aussitôt les troupes qu'il avait
envoyées à Bône et à Oran, afin de concentrer toute son armée,
et d'attendre les événements. Bientôt il apprit que le nouveau
gouvernement lui avait donné pour successeur le général
Clausel. Il attendit son arrivée, et lui remit aussitôt le commandement de l'armée (27 août 1830).

Quelques jours après, le comte de Bourmont, qui deux mois
auparavant était entré en triomphe dans Alger, à la tête d'une
armée de trente mille hommes, après une glorieuse campagne
de vingt-un jours, partait obscurément, presque en fugitif,
n'ayant pour toute suite qu'un de ses fils, sur un bâtiment
marchand qui se rendait à Gibraltar. Le vainqueur d'Alger
n'emportait de la ville qu'il venait de conquérir qu'une cassette renfermant les restes du fils qu'il avait perdu au milieu
de ses triomphes.

CHAPITRE VI.

LE GÉNÉRAL CLAUSEL PREND LE COMMANDEMENT DE L'ARMÉE.

Un des premiers actes du gouvernement du général Clausel fut la reprise de possession de Bône et d'Oran. Le bey de cette dernière ville, fidèle à sa parole et ferme dans sa résolution, remit la place et les forts entre les mains des troupes françaises, et se retira ensuite en Turquie.

Cependant l'inaction où était restée l'armée pendant presque tout le mois d'août avait tellement accru l'audace des Kabyles et des Arabes-Bédouins, que les Français qui avaient l'imprudence de s'aventurer à une portée de canon des avant-postes étaient à l'instant massacrés par les Arabes. Le colonel Frescheville, du 2e régiment d'infanterie légère, et un officier de son état-major, avaient éprouvé ce triste sort près des bords de l'Arach, dans les derniers jours du mois d'août.

Le général Clausel résolut de purger la plaine de la Métidjah des nombreux brigands qui l'infestaient, et de punir en même temps le bey de Tittery de sa perfidie. Il organisa en conséquence un petit corps d'armée fort de 8,000 hommes, divisé en trois brigades, composées chacune de quatre bataillons. Chaque régiment de l'armée avait fourni un bataillon, afin que tous participassent à la gloire et aux dangers de cette nouvelle expédition. Les chasseurs d'Afrique, nouvellement organisés, en firent aussi partie; ils s'étaient déjà signalés lors de la visite du général Bourmont à Blidah.

NOUVELLE EXPÉDITION DANS LA PROVINCE DE TITTERY.

Le 17 novembre, dans la matinée, le comte Clausel partit avec ce corps expéditionnaire; il alla bivouaquer le soir à Boufarick, à sept lieues d'Alger. Le lendemain les troupes se mirent en marche pour Blidah. A une lieue en avant de cette ville, un corps de cavalerie arabe parut vouloir s'opposer à la marche des Français; il fut culbuté en un instant. Le général Achard reçut l'ordre de tourner Blidah par la droite, entre les routes de Coléah et de Médéah, tandis que le général Monck-d'Uzer continuait à se porter directement sur cette ville par la route d'Alger; la troisième brigade, commandée par le général Hurel, resta à la garde des équipages.

Les brigades Achard et Monck-d'Uzer entrèrent en même temps par deux points différents à Blidah. Les ennemis, au nombre de 1,800 hommes, embusqués dans les jardins qui entourent la ville, se défendirent avec courage; mais ils ne purent résister à l'impétuosité des Français, et bientôt ils s'enfuirent en désordre. La brigade Achard seule eut deux hommes tués et seize blessés; la perte des Arabes fut de quarante morts et d'une centaine de blessés.

Le général passa la journée du 19 à Blidah. Cette journée fut employée à punir les Beni-Salah, tribu qui occupe la montagne voisine, et qui était signalée comme ayant montré le plus d'animosité contre les Français dans cette dernière expédition, ainsi que dans celle du comte de Bourmont. Deux bataillons eurent ordre de parcourir le territoire de cette tribu, de détruire les plantations, et de livrer aux flammes toutes les cabanes qu'ils rencontreraient. Ce fut le premier exemple de ces *razzias* devenues malheureusement d'une nécessité si fréquente dans la guerre contre les Kabyles et les Arabes.

A peine cet ordre contre les Beni-Salah fut-il exécuté, que le mufti et les principaux habitants qui avaient pris la fuite rentrèrent dans la ville et vinrent faire leur soumission.

Le 20, le comte Clausel laissa à Blidah deux bataillons avec deux pièces de canon, sous les ordres du colonel Rulhières, pour assurer ses communications avec Alger, et il se mit en marche pour Médéah, avec le reste du corps expéditionnaire. On arriva à une heure à la *ferme de l'Aga*. Cette ferme, située au pied de l'Atlas, vis-à-vis le défilé si célèbre depuis du *Téniah* de *Mousaïah*, fut mise en état de défense et occupée par le bataillon du 21e, avec quatre pièces d'artillerie de campagne et les gros bagages.

Le lendemain 21, à la pointe du jour, les troupes se mirent en marche pour gravir le défilé. Arrivé sur le premier plateau de l'Atlas, le général Clausel fit faire une halte d'une heure à sa petite armée : il la fit ensuite former de manière à faire face du côté de la France, puis il célébra cette première prise de possession de l'Atlas par une salve de vingt-un coups de canon. Il restait encore à franchir le col du défilé, c'est-à-dire la partie la plus difficile ; le chemin suit la rive droite d'un torrent profondément encaissé, et cette route est coupée sur plusieurs points par des ravins très profonds. Cette position et d'autant plus facile à défendre qu'entre ces ravins s'élèvent des plateaux qui dominent au loin le chemin. Ce chemin suit un pente rapide, et il est si étroit que deux hommes ont peine à y marcher de front.

Le bey de Tittery occupait la partie supérieure du défilé avec sept mille hommes et deux pièces de canon. Ces troupes étaient échelonnées dans la gorge, en avant de la position principale, occupant tous les points les plus favorables à la défense, jusqu'à une distance de cinq quarts de lieue. Toutes les hauteurs, à droite et à gauche de la vallée, jusque sur les derrières de l'armée française, étaient occupées par des Kabyles et des Arabes armés.

Cette position si formidable n'effraya pas les soldats français. Tandis qu'une partie de nos troupes attaquait de front les soldats du bey chargés de défendre le défilé, quelques bataillons franchissaient les crêtes des montagnes qui le dominent, malgré les difficultés du terrain, malgré le feu des ennemis embusqués dans les broussailles. Les Turcs se défendirent longtemps avec courage ; mais quand ils virent nos soldats couronner les hauteurs, ils craignirent d'être tournés, et ils s'enfuirent précipitamment en désordre. Pendant cette attaque, les Kabyles n'avaient cessé de faire feu sur nos troupes, du haut des montagnes qu'ils occupaient. Un instant la colonne française en fut environnée ; mais le général Hurel, qui commandait la réserve, les dispersa bientôt.

Le Teniah fut pris ; les deux pièces de canon qui le défendaient tombèrent au pouvoir des Français. Cette action nous coûta vingt hommes tués et quatre-vingt-dix-sept blessés.

Le 22, la colonne descendit la montagne et arriva dans la journée aux portes de Médéah, capitale de la province de Tittery. Les principaux habitants vinrent en foule à la rencontre des Français, et les accueillirent comme des libérateurs. En effet, sans cesse exposés au pillage et aux mauvais traitements des Kabyles, tyrannisés par l'ancien bey de Tittery, ils n'espéraient de protection que dans les Français. Le comte Clausel les entretint dans ces bonnes dispositions ; il leur donna un nouveau bey pris dans la classe des Maures, et leur laissa, pour les aider à se défendre contre les Kabyles, deux bataillons de troupes françaises et le détachement des zouaves.

Tandis que le général français installait un nouveau bey de Tittery, l'ancien, abandonné de ses soldats, après sa défaite au Teniah de Mousaïah, s'était réfugié dans un marabout, à quatre lieues de Médéah. Mais entouré de Kabyles qui menaçaient de le massacrer malgré l'asile sacré qu'il avait choisi, il se décida à s'abandonner à la générosité du général en chef de l'armée française. Il offrit de se rendre prisonnier avec toute sa famille et les Turcs soumis à son commandement. Le 23, dans la soirée, il vint, avec toute sa suite, se remettre entre les mains des Français.

Le général séjourna·quatre jours à Médéah, pour régler l'administration de la province de Tittery. Le 26, il reprit la route d'Alger, emmenant avec lui l'ancien bey, sa famille, et environ deux cents Turcs désarmés. Dans la même journée, on repassa le Teniah, et on vint coucher à la ferme de l'Aga. Là le comte Clausel apprit que, dans la journée, les Kabyles étaient venus attaquer Blidah avec des forces supérieures. Ils avaient espéré s'emparer de cette ville et couper la retraite aux Français. Déjà ils avaient pénétré dans quelques quartiers; déjà ils avaient planté deux drapeaux dans l'intérieur de la ville, dont ils se croyaient les maîtres; mais le colonel Rulhières avait vu, sans s'effrayer, cette attaque imprévue; il avait laissé l'ennemi s'engager dans les rues, afin de pouvoir le tourner et l'envelopper en masse. C'est ce qui arriva en effet; au moment où ils se croyaient sûrs d'une victoire qu'on ne paraissait pas vouloir leur disputer, les Kabyles se virent tout-à-coup attaqués de front, sur les flancs et sur leurs derrières. Ils se défendirent avec le courage du désespoir, et périrent presque tous en combattant. Ceux qui réussirent à échapper à la mort ne purent se sauver et gagner la campagne qu'en passant par des trous pratiqués dans quelques maisons de la ville.

Quand l'armée, après avoir quitté la ferme de l'Aga, le 27, arriva à Blidah, elle trouva les rues de la ville jonchées de cadavres sur lesquels il fallut passer. Le 28, le corps expéditionnaire rentra à Alger.

L'expédition de Médéah répandit de nouveau, dans tout le pays, la terreur du nom français. Elle eut tout le succès qu'on avait pu s'en promettre, la punition d'un bey parjure, et la disparition des brigands qui infestaient les environs d'Alger et la plaine de Métidjah.

LES ZOUAVES ET LES SPAHIS.

Nous avons vu que le général Clausel avait laissé à Médéah un détachement de zouaves. On donnait ce nom, du temps des deys, à des corps composés de cultivateurs maures qui habitaient le district de Zouwia, près des monts Jurjura. Le gouvernement algérien n'employait ces troupes que dans les temps de danger, ou pour prendre part à des expéditions importantes. Ce système ayant pris un plus grand développement sous le règne d'Ali-Pacha et de Husseyn-Pacha, on conserva la dénomination de Zouaves à tous les corps mauresques employés au service militaire de l'état. La garde personnelle des deux derniers deys était en grande partie composée de zouaves.

Après la conquête d'Alger, les zouaves offrirent leur service à la France. On l'accepta, dans la crainte qu'en les repoussant ces hommes armés ne fussent allés augmenter les bandes de malfaiteurs qui infestaient les campagnes.

Le général Clausel, pensant avec raison que ces hommes pouvaient être utiles à la défense, et plus encore à la pacification du pays, donna à ce corps un plus grand développement, et le soumit à un régime à peu près semblable à celui des Cypayes de l'Inde. Il décida que les chefs de bataillon, les capitaines et les officiers subalternes seraient Européens, et que les sous-officiers et soldats seraient indigènes. Il se réserva d'élever au grade d'officier les militaires de cette dernière classe qui mériteraient un tel honneur par leur conduite et par leur dévouement.

Ce corps reçut une organisation régulière par une ordonnance royale. Il forme aujourd'hui un régiment composé de trois bataillons ; on y admet maintenant des Européens au nombre des sous-officiers et soldats.

On commença aussi à former, à cette époque, des corps de cavalerie indigène qui reçurent le nom de Spahis.

PREMIÈRES ANNÉES DE L'OCCUPATION.

Pendant les premières années qui suivirent la prise d'Alger, la domination de la France fit peu de progrès dans l'intérieur de l'Algérie. Quelques points du littoral occupés, des combats continuels avec les populations indigènes, tel est le tableau que présente l'histoire de notre colonie à cette époque. Le changement fréquent des gouverneurs, le nombre insuffisant des troupes envoyées pour achever la conquête, l'incertitude des projets du gouvernement sur l'occupation et la colonisation de ce pays, avaient jeté une sorte de découragement dans quelques esprits, et relevé l'audace des ennemis de la France. Notre domination ne s'étendait guère au-delà de nos avant-postes. Dans l'est, Achmet-Bey s'était maintenu indépendant dans la province de Constantine ; et dans l'ouest, l'émir Abd-el-Kader étendait son influence des frontières de Maroc jusqu'à la Métidjah. L'importance que ce dernier a acquise depuis cette époque nous engage à donner quelques détails biographiques sur cet homme extraordinaire.

ABD-EL-KADER.

Abd-el-Kader, Ben-si-Mahhi-el-Dinn (ce qui veut dire : Serviteur du Tout-Puissant et fils du Seigneur, qui vivifie la religion), est né dans les premières années de ce siècle, à la Zayouat (tombeau de ses ancêtres), nommés Si-Moustafa-al-Mokhetar. Il est d'une taille moyenne ; sans avoir une figure remarquable, il y a une certaine majesté dans son visage ; son teint est blanc, ou plutôt pâle, quoique un peu bruni par le soleil ; il a le visage ovale, les traits réguliers, la barbe claire et d'un châtain foncé ; ses yeux, d'un gris bleu, sont beaux et très expressifs ; il a le regard pensif et presque timide ; mais quand il parle, ses yeux s'animent et étincellent (1).

Son père, Si-Mahi-el-Dinn, était un marabout très vénéré par sa piété et son érudition. Il vivait dans la retraite des aumônes que lui faisaient les personnes religieuses, et jouissait de l'important privilége de sauver les assassins et les débiteurs qui se réfugiaient dans son asile. Il lui suffisait, pour mettre ceux qui avaient recours à sa protection hors de tout danger, d'écrire au dey ou au bey d'Oran. La faveur populaire dont il jouissait, le nom de ses ancêtres qui avaient toujours été puissants et vénérés dans le pays, déterminèrent les Arabes à le

(1) Lettres sur l'Algérie, par M. l'abbé Suchet, vicaire-général d'Alger.

choisir pour bey de Mascara. Mais il fut bientôt empoisonné par Ben-Noussa, chef du parti maure de Tlemcen, qu'il avait voulu destituer.

Il laissait deux fils : l'aîné était une espèce d'illuminé qui ne s'occupait pas des choses de ce monde. Le plus jeune, Abd-el-Kader, se trouvait donc naturellement appelé à recueillir l'héritage paternel. Il pouvait avoir alors vingt-cinq à vingt-six ans, et se montrait déjà habile et ambitieux. Jusqu'au moment de son élévation il avait vécu d'aumônes, comme son père, et avait mené une vie purement contemplative, ce qui lui avait mérité le double titre de *thaleb* (savant) et de *marabout* (saint) ; il y joignait celui d'El-Hadji (le pélerin), parce qu'il avait fait le voyage de la Mecque. On racontait que, pendant ce voyage, un saint personnage qu'il avait trouvé au tombeau de Mahomet lui avait dit : « Tu régneras un jour. » On pense bien qu'Abd-el-Kader était loin de démentir cette prédiction.

Une des premières opérations qu'il entreprit fut de s'emparer de Tlemcen ; maître de la personne de Ben-Noussa, il le força à prendre du poison pour le faire périr de la même mort qu'il avait fait subir à son père. Voyant son autorité reconnue à Mascara et à Tlemcen, Abd-el-Kader chercha à la compléter, et vint mettre le siége devant Mostaganem. Mais la belle défense du kaïd Ibrahim et de ses Turcs le fit échouer. Il s'en dédommagea en prenant Arzew, que les Français lui enlevèrent quelque temps après.

A la suite de ces opérations, son influence fut reconnue dans tout le beylik d'Oran, et il songea bientôt à l'étendre jusque dans les environs d'Alger et dans tout le reste de la régence.

AFFAIRE DE LA MACTA. — EXPÉDITION DE MASCARA. — BATAILLE DE LA SICKACK. — TRAITÉ DE LA TAFNA.

Le général Drouet d'Erlon, qui commandait alors à Alger, chargea le général Trézel, commandant supérieur à Oran, de punir cet Arabe ambitieux. Le général Trézel marcha aussitôt contre Abd-el-Kader ; malheureusement il n'avait pas assez de monde pour lutter avec avantage contre les nombreux Arabes que l'émir lui opposa. Forcés de battre en retraite , les Français éprouvèrent à la Macta (28 juin 1835), un échec qui releva l'audace et l'influence d'Abd-el-Kader , et le grandit encore aux yeux des Arabes.

L'armée française ne tarda pas à prendre une glorieuse revanche. Le comte Clausel, qui avait été revêtu de la dignité de maréchal de France , fut nommé de nouveau gouverneur général de l'Algérie. Il voulut châtier lui-même l'orgueil d'Abd-el-Kader , et l'aller attaquer jusque dans sa capitale. Le prince royal , duc d'Orléans, voulut accompagner le maréchal dans cette expédition. Les Arabes furent battus dans toutes les rencontres, et le 5 décembre , moins de six mois après l'échec de la Macta, les Français entraient dans Mascara. Mais ces succès, complets pour la gloire de nos armes, étaient plus brillants que réels. La puissance d'Abd-el-Kader était loin d'être détruite. Il s'était retiré dans les montagnes avec une partie de sa troupe, et il rentra dans Mascara quelque temps après que nous eûmes évacué cette place. L'année suivante il se trouva en état de tenir la campagne , et, le 6 juillet, le général Bugeaud le défit complétement sur les bords de la Sickack. Cette victoire ne produisit encore aucun résultat décisif.

Enfin, le 30 mai 1837, le général Bugeaud signa avec Abd-el-Kader le célèbre traité de la Tafna. Par ce traité, la France reconnaissait Abd-el-Kader comme souverain des provinces d'Oran , de Tittery, et d'une partie de celle d'Alger.

La France se réservait seulement, dans la province d'Oran : Oran, Arzew, Mostaganem , Mazagran, et leurs territoires ; dans la province d'Alger : Alger, le Sahel, et la plaine de la Métidjah.

PREMIÈRE EXPÉDITION DE CONSTANTINE.

Au mois de novembre 1836, le maréchal Clausel tenta de s'emparer de Constantine. Malheureusement, pour entreprendre une pareille expédition, dans un tel pays, la saison était mal choisie, et ses forces étaient évidemment insuffisantes. Le 13 novembre , le maréchal partit de Bône avec sept mille hommes de toutes armes. M. le duc de Nemours faisait partie de l'expédition. Aucun obstacle sérieux n'arrêta cette petite armée jusqu'à son arrivée devant Constantine. Mais là un temps affreux, une pluie froide, et bientôt une neige abondante, vinrent assaillir nos troupes; les chemins devinrent impraticables; l'artillerie et les voitures de transport ne pouvaient être arrachées des fondrières où elles étaient enfoncées. Avec ce petit nombre de soldats harassés de fatigue, le maréchal voulut tenter une attaque contre l'une des portes de la ville appelée El-Cantara. Mais on s'aperçut bientôt que le temps et les moyens manquaient pour réussir. Un plus long séjour aurait compromis l'armée; il fallut ordonner la retraite. Elle se fit en bon ordre; M. le commandant Changarnier (aujourd'hui lieutenant-général) se signala dans cette circonstance par son sang-froid et sa bravoure, à la tête d'un bataillon du deuxième régiment d'infanterie légère. Mais, quelque honorable que fût cette retraite pour nos troupes et pour leur chef, c'était néanmoins un échec qui eut un fâcheux retentissement en Europe, et qui pouvait compromettre notre influence en Afrique. Le gouvernement se hâta de prendre les mesures nécessaires pour le réparer.

SECONDE EXPÉDITION ET PRISE DE CONSTANTINE.

Dans les derniers jours de septembre 1837, une nouvelle armée expéditionnaire, destinée à faire le siége de Constantine, se trouvait réunie au camp de Medjez-Amar, sous les ordres du lieutenant-général comte Denis Damrémont, nommé gouverneur-général en remplacement du maréchal Clausel. M. le duc de Nemours accompagnait aussi cette seconde expédition. Le 1er octobre, l'armée se mit en marche. Les première et seconde brigades, commandées par le duc de Nemours et M. le général Trézel, marchaient sous les ordres immédiats du gouverneur-général. Le général Rulhières commandait tout le convoi, et dirigeait, avec le colonel Combes, les troisième et quatrième brigades. La marche de l'armée ne fut point inquiétée par l'ennemi, et, à l'exception d'un violent orage dans la partie élevée du Raz-el-Akba, le temps s'était toujours montré favorable. Aucun accident ne troubla l'ordre dans les colonnes, et l'équipage du siége marcha constamment à la hauteur de l'infanterie, franchissant les nombreux obstacles que présentait le terrain.

Le 6 octobre, l'armée arriva devant Constantine, et prit position sur les hauteurs voisines de cette ville. Le général Vallée, commandant en chef de l'artillerie, accompagné des officiers supérieurs du génie, fit aussitôt la reconnaissance de la place. On s'occupa sans délai d'établir les batteries. Ces travaux étaient longs et pénibles; pendant plusieurs jours ils furent contrariés par les sorties réitérées des assiégés, mais surtout par des torrents de pluie qui arrêtaient les travaux et décourageaient les soldats, en rappelant les désastres de l'année précédente. Enfin, le 9, le temps devint moins mauvais; les travaux de brèche furent repris avec ardeur et continués avec une activité merveilleuse. L'ennemi tenta plusieurs fois encore de les arrêter et de les détruire; mais toutes ses attaques furent repoussées. Le 12, toutes les batteries étant construites et armées, la brèche de la place fut ouverte. Vers huit heures, le gouverneur-général se rendit à la tranchée, avec M. le duc de Nemours et un nombreux état-major. A peine étaient-ils arrivés, qu'un boulet lancé par les batteries de la ville vint en ricochant frapper M. le comte de Damrémont au milieu de la poitrine; au même instant, le maréchal de camp Perregaux reçut une balle entre les yeux. La mort du général en chef fut instantanée. Ce terrible accident, dans un pareil moment, pouvait avoir les plus funestes conséquences. Heureusement que le général Vallée, à qui revenait de droit le commandement en chef, inspirait une telle confiance à l'armée qu'elle n'é-prouva aucune inquiétude, et que l'attaque commencée ne fut pas un seul instant ralentie.

Le 13, on reconnut que la brèche était praticable; le général Vallée ordonna l'assaut. M. le duc de Nemours lança la première colonne, dirigée par M. le lieutenant-colonel de Lamoricière: elle franchit rapidement l'espace qui la séparait de la ville, et gravit la brèche sous le feu de l'ennemi. Le colonel de

Lamoricière et le chef de bataillon Vieux, aide-de-camp de M. le lieutenant-général Fleury, arrivèrent les premiers en haut de la brèche, qui fut enlevée sans difficulté. Mais bientôt la colonne, engagée dans un labyrinthe de maisons à moitié détruites, de murs crénelés et de barricades, éprouva la résistance la plus acharnée de la part de l'ennemi. Celui-ci parvint à faire écrouler un pan du mur qui ensevelit un grand nombre des assaillants, et entre autres le chef de bataillon de Sérigny, commandant du bataillon du 2ᵉ léger.

Dès que la première colonne eut dépassé la brèche, le général en chef la fit soutenir par deux compagnies de la deuxième colonne, et successivement, à mesure que les troupes pénétraient dans la ville, des détachements de deux compagnies vinrent appuyer les mouvements de la tête de colonne.

La marche de nos troupes dans la ville devint plus rapide après la chute du mur. Mais tout-à-coup, à droite de la brèche, une mine fortement chargée fait explosion, engloutit et brûle un grand nombre de nos soldats. Plusieurs périrent brûlés ou écrasés par les blocs de pierre que lançait la mine ; d'autres, parmi lesquels on doit citer le colonel Lamoricière, plusieurs officiers de zouaves et du 2ᵉ léger, et les officiers du génie Vieux et Leblanc, furent grièvement blessés. A gauche de la brèche, les troupes parvinrent à se loger dans les maisons voisines ; les sapeurs du génie cheminèrent à travers les murs, et l'on parvint ainsi à tourner l'ennemi ; la même manœuvre, exécutée à droite, força l'ennemi à se retirer, et décida la reddition de la place.

Le combat se soutint encore pendant près d'une heure dans les murs de la ville ; enfin les Arabes, chassés de position en position, furent rejetés sur la Kasbah ; et le général Rulhières, y arrivant en même temps qu'eux, les força à mettre bas les armes. Un grand nombre cependant périt en cherchant à se précipiter du rempart dans la plaine.

Le calme se rétablit bientôt dans la ville. Le drapeau tricolore fut élevé sur les principaux édifices publics, et le général Vallée vint avec M. le duc de Nemours prendre possession du palais d'Achmet-Bey.

L'assaut avait duré quatre heures ; c'est un des plus brillants faits d'armes de nos annales militaires, et notre jeune armée a montré, dans cette occasion, qu'elle marchait dignement sur les traces des immortelles phalanges qui, pendant vingt-cinq ans, ont élevé si haut la gloire du nom français. Nous n'oublierons pas ce trait si remarquable du brave colonel Combes, qui, percé de deux balles pendant l'assaut, vint debout et d'un pas ferme rendre compte au prince de l'état de la brèche ; puis il termina son rapport par ces mots : « Ceux qui ne sont pas blessés » mortellement pourront se réjouir d'un aussi beau succès ; » pour moi, je suis heureux d'avoir pu faire encore quelque » chose pour le roi et pour la France. » Quelques heures après, il avait cessé d'exister.

SUITES DE LA PRISE DE CONSTANTINE.

La prise de Constantine, suivie bientôt de l'occupation de toute cette vaste province, changea complétement notre position dans l'Algérie. De précaire, d'incertaine qu'elle était depuis huit ans, elle devint de plus en plus stable. Quelques personnes avaient douté jusque là si l'Algérie serait conservée, ou si du moins on se bornerait à l'occupation de quelques points du littoral, comme l'avait fait autrefois l'Espagne, quand elle était maîtresse d'Oran, de Mers-el-Kébir, de Bougie, etc. Mais plusieurs mesures prises par le gouvernement, en 1838, firent juger qu'il était décidé à garder notre conquête. Parmi ces mesures, nous ne citerons que l'érection d'Alger en siége épiscopal. Dans le chapitre suivant nous ferons voir toute la portée d'une aussi importante détermination. « La fondation, » pendant cette année, d'une ville nouvelle, portant le nom de » Philippeville, devait être aussi, comme le disait le maréchal » Vallée dans son ordre du jour, pour les Arabes et pour les » Européens, une démonstration évidente que la colonisation » était désormais assurée, et que le drapeau de la France ne » devait plus quitter une terre qui lui avait coûté des sacrifi- » ces de toute espèce, et fourni à l'armée l'occasion de donner » tant de preuves de dévouement et de bravoure. » Et cette ville, dont les fondations ont été posées au mois d'octobre 1838, au milieu des ruines et des vieilles citernes de l'antique Rusicada, compte aujourd'hui, après cinq ans à peine d'existence (1), près de cinq mille habitants.

PASSAGE DES BIBANS OU PORTES DE FER.

La plus grande partie de l'année 1839 fut une des plus pacifiques que nous ayons eu depuis notre établissement en Algérie. Vers le mois d'octobre, le prince royal, M. le duc d'Orléans, voulut aller visiter notre belle conquête, et consolider par sa présence la soumission de la plus grande partie des tribus de l'ancien beylik de Constantine. « La France, disait M. le maréchal Vallée dans son rapport, en plaçant sous son gouvernement direct tout le territoire soumis précédemment à Achmet-Bey, en instituant des khalifas pour administrer les différents arrondissements qu'elle avait tracés, s'était imposé l'obligation de faire reconnaître par toutes les tribus les chefs auxquels elle avait donné l'investiture. » Tel était le but de l'expédition dirigée par le maréchal gouverneur ; la première des deux divisions qui la composaient était commandée par M. le duc d'Orléans, la seconde par le général Galbois, gouverneur de Constantine.

Le prince royal en se rendant à Constantine, visita Stora, Philippeville, Bougie et Bône. De Constantine, il se dirigea sur Sétif et voulut rentrer à Alger par la route de terre, en traversant des populations de Kabyles qui jamais n'avaient vu de Français, et en franchissant le fameux défilé des Bibans ou Portes-de-Fer. C'était quelque chose de hardi, de téméraire même, que d'entreprendre, avec trois mille Français, de parcourir un espace de cent vingt lieues à travers des contrées inconnues, et que le récit des rares voyageurs qui les avaient entrevues présentait comme hérissées des plus grandes difficultés ; il s'agissait de pénétrer là où les Romains n'avaient jamais porté leurs aigles, et où les Turcs ne passaient qu'après les

(1) Mai 1843.

négociations les plus pénibles, quelquefois les plus humiliantes. Mais il était nécessaire de se montrer aux populations que les émissaires d'Abd-el-Kader, au mépris des traités, tentaient de soulever contre nous; il fallait raffermir les tribus soumises, et prendre enfin possession de l'immense territoire que la conquête nous avait donné. Et puis cette course aventureuse dans le désert, avec le fils aîné du roi, qui partageait leur fatigue et leurs dangers, avait quelque chose de chevaleresque, bien fait pour frapper l'imagination et exciter l'enthousiasme des soldats français.

Nous ne suivrons pas le prince royal et sa petite armée dans sa marche de Constantine au Sétif, à Médéah, à travers la Majanah, jusque sur les bords de l'Oued-Boukethunn.

C'est là que la seconde division se sépara de la première, pour retourner tristement à Constantine, tandis que celle-ci s'avançait gaîment au milieu des précipices et des rochers si bizarrement taillés des Bibans. Ecoutons le récit de ce passage extraordinaire, fait par un officier attaché à l'état-major du prince.

« Le 28 octobre, la division d'Orléans se mit en route à dix heures et demie du matin. La colonne marchait depuis une heure, tantôt dans le lit de l'Oued-Boukethunn, tantôt sur l'une ou l'autre de ses rives, lorsque la vallée, assez large jusque là, se rétrécit tout-à-coup, et nous commençâmes à voir se dresser devant nous d'immenses murailles de rochers dont les crêtes pressées les unes contre les autres *festonnaient* l'horizon d'une manière tout-à-fait singulière. Nous nous mîmes alors à gravir un sentier rapide sur la rive gauche du torrent; et après de rudes montées et des descentes pénibles, où nos sapeurs durent travailler pour faire un passage aux mulets, nous nous trouvâmes au milieu de cette gigantesque formation de rochers escarpés que nous avions admirés devant nous quelques pas auparavant. Ces grandes murailles calcaires, de huit à neuf cents pieds de hauteur, se succèdent séparées par des intervalles de quarante à cent pieds qu'occupaient des parties marneuses détruites par le temps. Une dernière descente, presque à pic, nous fit arriver au milieu du site le plus sauvage, où, après avoir marché au milieu des rochers, dont le surplomb s'exhausse de plus en plus, et après avoir tourné à droite, à angle droit, dans lit du torrent, nous nous trouvâmes dans un fort resserré où il eût été facile de nous fusiller à bout portant du haut de ces espèces de murailles, sans que nous eussions pu rien faire contre les assaillants. Là se trouve la première *Porte*, ouverture de huit pieds de large, pratiquée perpendiculairement dans une de ces grandes murailles rouges dans le haut et grises dans le bas. Des ruelles latérales, formées par la destruction des parties marneuses, se succèdent jusqu'à la seconde *Porte*, où un mulet chargé peut à peine passer. La troisième est quinze pas plus loin en tournant à droite. La quatrième *Porte*, plus large que les autres, est à cinquante pas de la troisième ; puis le défilé toujours étroit s'élargit un peu, et ne dure guère plus de trois cents pas. C'est du haut en bas des murailles calcaires que les eaux ont péniblement franchi ces étroites ouvertures auxquelles leur aspect extraordinaire, et dont aucune description ne peut donner l'idée, a si justement mérité le nom de Portes. C'est là que s'est précipitée notre avant-garde, ayant à sa tête le prince royal et M. le maréchal-gouverneur, au son de nos musiques militaires, aux cris de joie de nos soldats qui ébranlaient ces rochers sauvages. Sur leurs flancs nos sapeurs ont gravé cette simple inscription : *Armée française*, 1839. En sortant de ce sombre défilé, nous avons trouvé le soleil éclairant une jolie vallée, et bientôt chaque soldat gagnait la grande halte, à peu de distance de là, ayant à la main une palme arrachée au tronc de vieux palmiers qui, à l'ombre redoutable des rochers du Biban, s'étaient crus en vain à l'abri des outrages de nos sabres.... L'armée mit trois heures et demie à traverser ce dangereux défilé, dont le passage ne lui fut point disputé. Un beau soleil éclaira toute notre grande halte, pendant laquelle l'ivresse joyeuse de nos régiments se manifestait de mille manières et par une foule de ces mots que savent improviser les soldats français. Nos baïonnettes couronnaient les hauteurs voisines, un orage éclatant au loin à notre droite mêlait ses éclairs et l'éclat du tonnerre aux bruyants accords de nos musiques militaires, et chacun de nous se livrait à l'espoir, sentant que l'on venait d'accomplir la partie la plus difficile de notre belle entreprise, que la moindre crue d'eau, qui ne s'élève pas à moins de trente pieds entre les Portes, eût rendue impossible. »

L'armée continua sa marche sur Alger, où elle arriva le 2 novembre, après avoir eu une escarmouche assez vive à soutenir contre les Kabyles, dans la journée du 31 octobre. Le prince, le maréchal et l'armée furent reçus aux acclamations des habitants qui s'étaient portés en foule à leur rencontre.

ABD-EL-KADER DÉCLARE LA GUERRE A LA FRANCE.

La population d'Alger était encore dans la joie de l'heureux succès de l'expédition des Bibans, quand de tristes nouvelles vinrent rappeler les esprits à des préoccupations plus inquiétantes pour l'avenir.

Depuis longtemps déjà on pouvait douter des dispositions

pacifiques d'Abd-el-Kader à notre égard. Les Hadjoutes, nombreuse et puissante tribu qui habitait le territoire que nous lui avions cédé depuis le traité de la Tafna, n'avaient cessé de faire des incursions sur notre territoire, de piller et de rançonner les colons français ou les Arabes qui nous étaient soumis. En vain le général Vallée avait porté ses plaintes à l'émir; elles n'avaient produit aucun effet, et les Hadjoutes n'en continuaient pas moins leurs déprédations. Pendant l'expédition du prince royal et du gouverneur dans la province de Constantine, on avait appris que des émissaires d'Abd-el-Kader cherchaient à soulever les populations contre nous, et c'est par ces manœuvres que furent excitées les hostilités, rares il est vrai et peu sérieuses, de quelques tribus. Enfin, le 10 novembre, un de nos braves officiers, le commandant Raffel, du 24e de ligne, fut massacré dans une embuscade par les Hadjoutes.

Tous ces griefs occasionèrent entre le maréchal Vallée et l'émir un échange de correspondance qui se termina par la déclaration de guerre suivante, adressée par Abd-el-Kader au gouverneur général.

LOUANGES A DIEU.

De la part du Saïd-Hadji Abd-el-Kader (que Dieu l'aide et le rende victorieux), à l'excellence d'Alger, le maréchal Vallée.

« Le Salut, la Miséricorde et la Bénédiction soient sur celui qui suit la » vérité !

» Votre première et votre dernière lettre nous sont parvenues. Nous avons » compris leur contenu. Je vous ai déjà écrit que tous les Arabes de Beni-» Hieznass, jusqu'au Kaf, étaient tous d'accord, et qu'il ne leur reste d'au-» tres paroles que la guerre sainte. J'ai employé tous mes efforts pour » changer leur idée, mais personne n'a voulu la durée de la paix, ils ont » tous été d'accord pour faire la guerre sainte, et je ne trouve d'autre » moyen que de les écouter pour être fidèle à notre chère loi qui le com-» mande. Ainsi, je ne vous trahis pas, et vous instruits de ce qui est. » Renvoyez mon oukil (consul) d'Oran, pour qu'il rentre dans sa famille.

» Tenez vous prêt à ce que tous les Musulmans vous fassent la guerre » sainte ; car, s'il arrive quelque chose, je ne veux pas être accusé d'être » un traître. Je suis pur, et jamais il n'adviendra par moi quelque chose de » contraire à la droiture de notre loi.

» Ecrit lundi soir, 14 du ramadan 1255, à Médéah, conservée par Dieu. (18 novembre 1839.)

» Le Roi, quand je lui ai écrit, m'a fait répondre que toutes les affaires
» étaient chez vous, soit en paix, soit en haine. Je suis décidé pour la
» haine, ainsi que tous les croyants. Tenez-vous pour averti, et répondez ce
» que vous jugerez à propos, car les paroles sont chez vous et non pas chez
» un autre. »

A peine avait-il envoyé cette déclaration de guerre, que l'é-
mir lançait ses Arabes sur notre territoire. La plaine de la Métidjah fut en un instant ravagée, les fermes des colons pillées et
brûlées, et les malheureux habitants réduits à la misère, quand
ils n'étaient pas égorgés.

Aussitôt que le gouvernement français eut connaissance de ces
nouvelles, il annonça qu'il allait envoyer en Afrique un renfort
de 25,000 hommes, afin de pousser la guerre avec vigueur
pour qu'elle fût plus tôt terminée.

DÉFENSE HÉROÏQUE DE MAZAGRAN.

Depuis que les hostilités étaient recommencées, les Arabes
n'avaient réussi qu'à incendier quelques fermes, piller et
massacrer des individus isolés ou sans défense. Partout où ils
s'étaient rencontrés avec nos soldats, ils avaient été battus.
L'émir, qui avait annoncé aux siens que, le jour de la grande
fête des Musulmans, il viendrait donner lui aussi un banquet
dans Alger, sur cette même esplanade de Bal-el-Oued où,
quelque temps auparavant, le prince royal avait donné une fête à
nos troupes, après l'expédition des Portes-de-Fer, n'avait pu
s'emparer du moindre poste fortifié, pas même d'un simple
blockaus. Pour montrer que ses troupes étaient pourtant capables d'enlever d'assaut une forteresse, il résolut de s'emparer à
tout prix du poste de Mazagran, qu'il savait n'être occupé que
par une poignée de Français, enfermés dans une mauvaise
bicoque dont les murs tombaient en ruines.

Mostaganem et Mazagran étaient les deux seules places qui
nous étaient restées dans la province d'Oran, d'après le traité
de la Tafna. L'insuffisance de nos moyens de défense, avant
l'arrivée des renforts que l'on attendait de France, n'avait pas
permis d'occuper la ville même de Mazagran; on s'était

contenté de loger une compagnie d'infanterie dans un marabout qui dominait la ville.

Le 3 février 1840, entre dix et onze heures du matin, une forte colonne vint attaquer ce réduit, dont la garnison se composait de 123 hommes, appartenant à la dixième compagnie du premier bataillon d'Afrique. Les Arabes se logèrent dans la ville basse, qui était abandonnée, en crénelèrent les maisons, et dirigèrent une fusillade extrêmement vive contre le marabout ; en même temps les cavaliers l'attaquaient du côté de la plaine, et deux pièces de canon en battaient les murailles. Les assiégés n'avaient qu'une pièce en batterie sur deux, et cent vingt fusils pour répondre au feu des assaillants; mais ces armes étaient maniées par des hommes intrépides, dont le courage était soutenu et dirigé avec sang-froid par leur brave commandant, le capitaine Lelièvre. La nuit mit fin à ce premier jour de combat.

Le 4, l'ennemi, plus nombreux que la veille, renouvela l'attaque qui commença à six heures du soir ; il fut encore repoussé avec perte.

Le 5, nouvelle attaque qui eut le même sort que les précédentes. Cependant l'artillerie des Arabes avait fait brèche dans les murs du fort. On devait s'attendre à une attaque plus furieuse pour le lendemain, car de toutes parts étaient accourues de nouvelles nuées d'Arabes qui devaient joindre leurs efforts à ceux des premiers assaillants. La garnison ne perdit pas courage; au lieu de se livrer au repos, dont elle avait un si pressant besoin, elle passa la nuit à réparer les murailles ouvertes par les boulets, à panser les blessés, et à se préparer à de nouveaux combats.

Enfin, le 6, Mustapha-Ben-Tamy, qui avait été chargé de cette expédition par Abd-el-Kader, voulut tenter un dernier effort. Il avait réuni les contingents de soixante-douze tribus, au nombre d'environ douze mille hommes. Il fit un appel aux plus braves pour les engager à monter à l'assaut, promettant une récompense de cent *boudjoux* à ceux qui donneraient cette preuve d'un si beau dévouement. Deux mille des plus déterminés se firent inscrire sur un registre ouvert à cet effet. Ils

devaient être soutenus par le reste de la troupe, qui devait en
même temps s'opposer à ce que la garnison de Mostaganem,
qui n'est située qu'à une lieue de Mazagran, vînt au secours
des assiégés. Ces dispositions prises, l'assaut commença. Il ne
dura qu'une heure, mais il fut terrible. Les Arabes arrivèrent
en masse contre ces mauvaises murailles, armés de poutres
qu'ils dressèrent comme des échelles ; ils parvinrent jusqu'en
haut du mur, et furent même sur le point de pénétrer dans l'enceinte ; mais les Français, qui les attendaient de sang-froid,
firent alors une décharge à bout portant, percèrent de leurs
baïonnettes ceux que les balles avaient épargnés, renversèrent
les poutres appuyées contre les murailles, et assommèrent à
coups de pierre ceux qui tentaient de les relever. Cependant
l'ennemi n'était point encore découragé ; il revint plusieurs fois
à la charge, avec une fureur ou plutôt une rage incroyable,
et toujours il fut reçu avec le même sang-froid et la même
intrépidité. Las enfin d'encombrer le pied des murs de leurs
cadavres, les Arabes se retirèrent, abandonnèrent l'attaque et
toutes leurs positions.

Ce brillant fait d'armes coûta aux défenseurs de Mazagran
trois hommes tués et six blessés. L'ennemi eut 7 à 800 hommes
tués ; quand au nombre de ses blessés, qui a dû être beaucoup
plus considérable, on n'a pu le connaître d'une manière exacte,
ayant eu soin de les emporter dans sa retraite.

La belle défense de Mazagran excita en France le plus vif
enthousiasme ; chacun s'empressa de payer à ces intrépides
héros un juste tribut d'admiration. Des souscriptions furent
ouvertes pour élever un monument destiné à en perpétuer le
souvenir ; les beaux-arts s'en emparèrent, et reproduisirent ce
glorieux fait d'armes sur la toile, sur le bronze, sur le marbre : une rue de la capitale a reçu le nom de Mazagran, et des
médailles ont été frappées où sont inscrits les noms des cent
vingt-trois braves, dignes de figurer à côté des trois cents
Spartiates des Thermopyles.

ATTAQUE DU TENIAH DE MOUZAÏA — PRISE DE MÉDÉAH. —
COMBAT DES OLIVIERS.

Au mois de mai, un corps expéditionnaire, fort d'environ
9,000 hommes de toutes armes, fut destiné à pénétrer dans la
province de Tittery, et à occuper sa capitale Médéah, pour ne
plus désormais l'abandonner. Il fallait suivre la même route
déjà parcourue par le général Clausel dans sa première
expédition contre le bey de Tittery; il fallait surmonter les
mêmes obstacles, franchir le même défilé de Mouzaïa; mais les
difficultés étaient plus que doublées par la résistance qu'allait
offrir un ennemi plus nombreux, plus aguerri, et surtout
dirigé par un chef bien plus habile qu'Abderaman.

L'armée était commandée par le maréchal Vallée. Dans ses
rangs combattaient deux des fils du roi : le prince royal qui
conduisait la division d'avant-garde, et M. le duc d'Aumale,
chef de bataillon dans le 23e régiment de ligne. Le 12 mai, les
Français attaquèrent le Teniah, défendu par Abd-el-Kader en
personne. Il avait su augmenter encore les obstacles que présente
la nature dans ce défilé, en établissant des retranchements et
des redoutes garnies de canons. Il était facile de reconnaître
que des Européens (quelques déserteurs) avaient présidé à ces
travaux. L'émir avait garni ces retranchements de ses bataillons
réguliers appelés de Médéah, de Milianah, de Mascara et de
Sabaou. Toutes les tribus kabyles des provinces d'Alger et de
Tittery avaient en outre été convoquées pour défendre une
position regardée comme la plus importante de toute l'Algérie.

Cet appareil menaçant n'effraya pas les Français. M. le
maréchal Vallée convient toutefois, dans son rapport, qu'en
présence d'une armée européenne, il n'aurait pas fait la faute
d'attaquer de front une position aussi bien défendue par l'art et
par la nature. Mais il pensa que, dans les circonstances où il se
trouvait placé, une action de vigueur était nécessaire pour
porter le découragement dans les masses arabes. Cette résolution
lui était dictée et par la connaissance qu'il avait de l'ennemi qui
lui était opposé, et par la confiance que lui inspirait la valeur et
le dévouement de l'armée placée sous ses ordres.

M. le duc d'Orléans fut chargé de commencer l'attaque; bientôt il fut soutenu par les autres divisions, chargées soit de tourner la position, soit de l'attaquer de front. Le combat fut engagé à quatre heures du matin, et ce ne fut qu'à sept heures du soir que, tous les retranchements de l'ennemi ayant été enlevés, notre armée prit position sur le Teniah, en couronnant toutes les crêtes de Mouzaïa. Pendant une lutte si longue et si acharnée, nos soldats montrèrent une bravoure et une constance au-dessus de tout éloge. Une victoire si longtemps et si chèrement disputée nous coûta des pertes considérables; sans entrer dans les détails, il nous suffira de dire que, dans le 2e léger seulement, 200 hommes furent mis hors de combat.

L'armée resta quatre jours campée sur le col de Mouzaïa; ce temps fut employé à tracer une route à travers le défilé, pour amener l'artillerie nécessaire à l'armement de Médéah. Le 16, l'armée se mit en route, et, le 17, elle entra à Médéah, après une faible résistance des Arabes placés en avant de la ville. Abd-el-Kader avait forcé les habitants à l'évacuer quelques heures auparavant.

Le maréchal Vallée, suivant les instructions qu'il avait reçues du gouvernement, prit possession de Médéah au nom de la France, et nomma le général Duvivier commandant supérieur de la province de Tittery. Le 20 mai, le corps expéditionnaire quitta Médéah, après y avoir laissé une garnison de 2,400 hommes.

L'armée reprit la route du Téniah; mais, avant d'y arriver, l'arrière-garde eut à soutenir un combat acharné, au bois des Oliviers, contre l'armée d'Abd-el-Kader, qui n'avait pas reparu depuis la journée du 12. Nos soldats furent souvent engagés corps à corps avec les Kabyles; la cavalerie d'Abd-el-Kader avait mis pied à terre pour soutenir son infanterie; le combat continua pendant deux heures avec le même acharnement; enfin nos braves soldats furent dégagés par l'arrivée du prince royal à la tête du 2e léger et du 1er bataillon de zouaves. Deux cent cinquante-deux hommes de notre arrière-garde avaient été tués ou blessés pendant ce combat.

SITUATION ACTUELLE DE L'ALGÉRIE.

A partir de cette époque, la guerre a été poussée avec vigueur contre Abd-el-Kader. Les Français se sont emparés successivement de toutes les villes un peu importantes des provinces d'Oran et de Tittery qui lui avaient été cédées par le traité de la Tafna. Le général Bugeaud, nommé gouverneur-général de l'Algérie au mois de janvier 1841, n'a cessé de déployer, depuis qu'il occupe ce poste important, un zèle et une activité qui ont obtenu d'heureux succès. Les bornes de cet ouvrage ne nous permettent pas d'entrer dans les détails des expéditions et des faits militaires qui se sont accomplis depuis trois ans en Algérie. Il me suffira d'indiquer sommairement les résultats obtenus.

L'armée régulière qu'Abd-el-Kader était parvenu à former a été détruite; toutes ses villes, toutes ses places fortes, sont tombées en notre pouvoir; la plus grande partie des tribus a fait sa soumission, et l'on peut dire que la puissance d'Abd-el-Kader comme souverain est détruite; mais il exerce encore une grande influence sur quelques tribus, et à l'aide du fanatisme il peut longtemps encore exciter des soulèvements partiels, qui pourraient devenir dangereux si l'action de nos armes venait à cesser ou même à se ralentir.

Du reste, malgré cette petite guerre, dont le terme ne peut encore être prévu, la colonisation s'avance, à mesure que la guerre s'éloigne. La sécurité et un calme profond règnent actuellement autour d'Alger dans un rayon de plus de trente lieues. Des voitures publiques transportent les voyageurs d'Alger à Blidah, à Médéah, à Milianah, avec autant de sécurité que sur nos routes de France; le commerce redouble d'activité; des terres sont défrichées, des maisons, des villages sont construits comme par enchantement.

« Mais, dit le Moniteur Algérien (15 avril 1843), à qui nous empruntons ce tableau, cette sécurité dont jouit la colonie est due à l'action continuelle de l'armée. Cette action, toujours grande, a dû se multiplier dans les quatre mois d'hiver qui viennent de s'écouler.

» Nos succès sont grands, les espaces soumis en avant d'Alger, Oran et Mostaganem sont très vastes. Sur ces espaces la sécurité est complète, et chaque jour davantage les tribus s'unissent à nous. Notre ennemi est très amoindri ; il a perdu les quatre cinquièmes de l'impôt et du recrutement, et cependant nulle part il n'a renoncé à la lutte, et pas un des grands chefs que l'émir avait su choisir parmi les hommes capitaux du pays ne lui a fait défaut.... Nous sommes donc encore partout obligés de combattre, contenir, protéger, et cela continuera tant que nous n'aurons pas enlevé à notre habile et persévérant ennemi ses dernières ressources. Pour atteindre ce résultat, il faut que notre armée continue à déployer une immense activité. Elle n'aura plus de grands combats à livrer, mais ils seront multipliés ; elle versera moins de sang peut-être que par le passé, mais non moins de sueurs. Ce n'est qu'à ce prix que l'on peut dompter le peuple arabe, et ce n'est qu'en le domptant qu'on peut coloniser avec des Européens une partie de son territoire et y jouir d'une sécurité qui, pour être entièrement féconde, a besoin d'être assurée de l'avenir.

« Depuis longtemps, de toute part, on demandait un système, c'est-à-dire un ensemble de vues, de moyens et d'actions ; ce besoin se faisait sentir en France que déjà elle n'était plus libre de choisir ; les faits écoulés avaient imposé l'obligation de vaincre complétement, si l'on ne voulait avoir à combattre toujours. Ce système que nous résumons par ces mots : *Domination générale et colonisation progressive,* se poursuit avec autant d'énergie que de persévérance ; mais on ne soumet pas à volonté une population qui compte autant de combattants que d'hommes valides, on n'étouffe pas son fanatisme religieux, on ne s'installe pas sur son territoire, on ne règle pas son intérêt, on ne lie pas des affaires avec elle au gré de l'imagination ; c'est une tâche rude et difficile, qui doit avoir ses alternatives diverses, ses chances favorables et ses chances contraires, ses oscillations enfin par lesquelles il faut passer avant d'arriver à l'équilibre, et, pour conquérir le succès, il faut le vouloir, et le vouloir avec persévérance. »

Après avoir tracé le tableau de nos succès politiques et

militaires en Algérie, il nous reste à parler de triomphes plus
pacifiques, mais qui n'auront pas moins d'influence sur l'avenir
de ce beau pays.

─────────────────────────────

CHAPITRE VII.

Retour du christianisme en Afrique. — Transformation d'une mosquée
en église catholique. — Erection d'un siége épiscopal à Alger. —
M. Dupuch, nommé évêque d'Alger. — Etablissements religieux. —
L'église de Constantine. — Baptême d'Aïcha. — Respect des Musulmans
pour la sainte Vierge. — Echange de prisonniers obtenu par l'entre-
mise de l'évêque d'Alger. — Translation des reliques de saint
Augustin. — Le jour de la Toussaint à Alger, 1842. — Visite des
évêques à Blidah. — Consécration de nouvelles églises. — Nouveaux
établissements religieux sur divers points de l'Algérie. — Inauguration de l'église de Médéah.

RETOUR DU CHRISTIANISME EN AFRIQUE.

Nous avons vu le christianisme resplendissant en Afrique de
toute la ferveur de ses nombreux fidèles, de toute la gloire de
ses martyrs et de ses confesseurs, de toute la science de ses
docteurs et de ses évêques. Alors de grandes et populeuses cités
étalaient aux yeux des voyageurs les monuments des arts et de
la civilisation ; le culte des idoles avait disparu, et partout les
églises élevées en l'honneur du vrai Dieu avaient remplacé les
temples païens. Des campagnes fertiles et bien cultivées répan-
daient l'abondance et les richesses sur les populations. Mais
l'homme est prompt à abuser des bienfaits de la Providence ;
les richesses et l'abondance enfantèrent le luxe, la débauche,
l'orgueil, et ces vices à leur tour altérèrent la pureté de la foi,
et donnèrent naissance à ces nombreuses hérésies qui déchirèrent
le sein de l'Eglise d'Afrique. Toutes les vertus de ses saints ne
purent parvenir à détourner le souffle de la colère de Dieu qui

voulut frapper une terre souillée de crimes, et profanée par tant de monstrueuses hérésies. Le flambeau de la foi cessa d'éclairer ces contrées florissantes, et dès lors tout changea d'aspect. Quatorze siècles de barbarie et de ruine succédèrent au christianisme et à ses bienfaits. « A présent les pas du voyageur cherchent presque toujours en vain la trace de ces cités jadis florissantes qui faisaient l'orgueil de ces bords. Quelquefois, recouverts de broussailles, il retrouve les débris des temples et des amphithéâtres, il aperçoit un Arabe nomade paissant son troupeau là où furent les palais des rois, et une stérile végétation recouvrant comme d'un linceul le squelette rongé par le temps de ce qui fut autrefois Hippone ou Carthage (1). »

Mais aujourd'hui la croix reparaît triomphante sur ces rivages d'où elle a été si longtemps exilée ; elle semble annoncer que la justice de Dieu est enfin apaisée, et que si la proscription du christianisme fut autrefois le signal de la ruine, son retour dans ces contrées est celui de la réédification. On a déjà écrit bien des projets, formulé bien des systèmes sur le mode de colonisation à employer en Afrique, sur les moyens de soumettre ses sauvages habitants aux lois et aux bienfaits de la civilisation. Pour nous, nous sommes convaincu que le moyen le plus simple, le plus rationnel, le plus fructueux, est celui d'une colonisation chrétienne et de la civilisation par la religion. Cette opinion a été depuis longtemps manifestée par les hommes graves qui ont étudié sérieusement la question, non dans leurs cabinets, mais sur les lieux mêmes, et au milieu des populations musulmanes de l'Algérie.

Lorsqu'en 1832 il fut question de bâtir une église catholique sur la place du Gouvernement, à Alger, quelqu'un qui habitait cette ville depuis la conquête écrivait ces réflexions remarquables : « Ce monument, élevé avec les produits des dons

---

(1) Relation de la translation des reliques de saint Augustin, par un témoin oculaire. C'est à cette brochure, imprimée à Bône, et à la lettre pastorale de Mgr l'archevêque de Bordeaux, que nous avons emprunté les détails de la translation des reliques de saint Augustin, que nous donnerons plus bas.

volontaires et des collectes recueillies dans tous les pays
étrangers, deviendrait un lien puissant pour les Européens
venus avec la pensée de coopérer à la colonisation de la régence.
Qui n'a pas été frappé du tableau touchant que présente chaque
dimanche la modeste chapelle qu'il nous a été jusqu'ici permis
d'élever près des riches et puissantes mosquées? Là vous voyez,
prosternés l'un à côté de l'autre, quelques membres de toutes
les populations de la grande famille chrétienne, privés du
bonheur de converser ensemble par la différence du langage,
mais unis de cœur et d'intention, à la voix du ministre de
l'autel, pour appeler la protection céleste sur ce riche et beau
pays, qui doit devenir une commune patrie. C'est ce même
sentiment qui a besoin de s'étendre, de se communiquer parmi
les peuples chrétiens pour les amener en Afrique. Il s'agit de
quelque chose de plus que de faire fortune : c'est de conserver
ce grand mouvement de civilisation qui se fait sentir partout,
et que la Providence a permis à la France d'imprimer en Afrique
par la force des armes.

» S'il est vrai que les monuments attestent la puissance des
peuples, combien celui projeté n'aurait-il pas d'influence sur
la destinée de ces fertiles contrées, j'ajouterai sur l'opinion
même des peuples de la régence! A ce sujet, qu'on me permette
de citer la réponse faite, il y a quelques jours, à un magistrat
qui interrogeait un Maure sur l'effet que produisait l'édification
d'une église catholique au milieu de la population musulmane :
« Hâtez-vous, lui dit celui-ci, de l'élever; car c'est alors
» seulement que nous croirons que vous avez un Dieu, et
» qu'on peut se fier à votre parole (1). »

» Cette réponse grave, continue le même écrivain, mérite une
sérieuse attention, ou plutôt elle nous révèle que le moment
est venu de montrer sans danger aux Musulmans que nous
aussi nous possédons une religion sublime que nous nous
faisons gloire de professer, parce que plus que toute autre
elle enseigne la charité, elle prêche l'union, elle commande la
tolérance, elle prescrit la prière, elle ordonne le respect pour

(1) Moniteur du 1er août 1832.

la foi jurée, elle regarde enfin l'hospitalité comme un pieux devoir. »

Ces dernières paroles nous révèlent un préjugé qui n'est pas encore entièrement effacé en France, ni même en Algérie, et que cherchaient à répandre alors des hommes sans religion ou de peu de foi, de ces hommes qui, loin de désirer l'introduction du christianisme dans les pays qui en sont privés, le verraient sans peine anéantir dans leur patrie. On disait, et ce fut souvent l'objet des déclamations de certains journaux qui s'arrogent le titre de représentants de l'opinion publique, on répétait sans cesse, qu'en établissant une église à Alger, en donnant une sorte de solennité à l'exercice public du culte catholique, on éloignerait de nous les indigènes, et on leur donnerait le prétexte d'une guerre éternelle ; on rappelait les vieilles antipathies des sectateurs de Mahomet contre les disciples de Jésus, l'opposition qui a toujours existé entre l'Evangile et le Koran, entre le croissant et la croix ; on craignait surtout l'esprit de prosélytisme des prêtres catholiques ; et l'on concluait que, pour se faire bien accueillir des indigènes, pour gagner leur confiance et leur affection, il fallait avant tout et surtout ne pas se montrer chrétiens. Et voilà que ce système, prêché par l'impiété, produisait des effets tout contraires à ceux que l'on s'en était promis. Les Arabes disaient que les Français n'étaient pas même des infidèles, mais que c'étaient des hommes sans foi, sans religion, sans Dieu.

TRANSFORMATION D'UNE MOSQUÉE EN ÉGLISE CATHOLIQUE.

Heureusement l'autorité supérieure ne partagea par les préjugés que cherchait à répandre l'irréligion. Mieux placée pour juger sainement les choses, parce qu'elle les voyait de plus haut et plus loin, elle entendit le vœu des populations chrétiennes ; elle comprit que la religion, loin d'être un obstacle à la domination française, était le seul moyen de l'établir sur des bases solides.

M. le duc de Rovigo, alors gouverneur de nos possessions dans le nord de l'Afrique, fit connaître au gouvernement le

véritable état des choses, et bientôt on lut dans le Moniteur
Algérien (23 juillet 1832), ces paroles qui semblaient répondre
aux observations que nous avons citées plus haut. « On a pu
» regretter de n'avoir pas vu s'élever à Alger quelque temple
» chrétien. La religion des peuples civilisés n'exerce pas une in-
» fluence moins salutaire sur les nations barbares que leur lé-
» gislation et leurs mœurs. Détournée jusqu'ici, par l'obligation
» d'occuper militairement le pays, du projet qu'elle a constam-
» ment eu en vue de donner à la religion un asile en Afrique,
» l'autorité a dû appeler l'attention du gouvernement sur cette
» privation imposée par la nécessité à des Français destinés à
» vivre loin de la mère-patrie. Un pareil vœu ne peut tarder à
» s'accomplir.

» Une église à Alger montrera aux Européens, qui sont venus
» en foule visiter notre belle conquête, tout le prix que la France
» met à la conserver; elle sera pour les indigènes un témoignage
» de notre dévouement à la religion de nos pères, et du besoin
» que nous éprouvons d'en observer les lois. »

Les promesses que renfermaient ces paroles ne tardèrent pas
en effet à s'accomplir. Il eût été trop long d'attendre la construction d'une église; une des nombreuses mosquées de la ville
pouvait bien, il est vrai, être employée à cet usage, mais on ne
pouvait l'y consacrer qu'avec l'autorisation des Musulmans;
c'eût été violer les articles de la capitulation. M. le duc de Rovigo, d'après les instructions qu'il avait reçues du gouvernement, assembla le mufti et les ulémas pour leur demander s'ils
consentiraient à laisser transformer une de leurs mosquées en
temple chrétien. Leur réponse est trop remarquable pour ne
pas être citée. « Dieu soit béni ! dit le mufti au nom de toute
» l'assemblée, que l'Afrique se réjouisse ! On n'accusera plus
» les Français de ne pas croire en Dieu. Prenez celle de nos
» mosquées qui vous conviendra le mieux. Elle changera de
» culte sans changer de maître; car le Dieu des Chrétiens est
» aussi le nôtre, et nous ne différons que dans la manière de
» l'adorer. Vous pouviez vous emparer de ce temple, et vous ne
» l'avez pas fait; loin de là, vous nous l'avez demandé. Nous
» n'oublierons pas plus cette marque de condescendance que la

» grâce que vous avez mise à nous consulter avant d'en
« faire une église de votre religion. »

Ce premier obstacle si heureusement applani, tout fut bientôt disposé pour l'inauguration du nouveau temple. Le 24 décembre 1832, veille de Noël, la mosquée concédée à la France fut bénie solennellement par M. l'abbé Collin, préfet apostolique, qui célébra ensuite la messe de minuit.

Le lendemain, jour de la naissance du Sauveur, M. le gouverneur général, accompagné d'un nombreux état-major, vint assister à la messe solennelle, au milieu d'une foule immense accourue avec empressement à cette auguste cérémonie. Chacun semblait vouloir prendre sa part de cette pacifique conquête, qui donnait un si éclatant démenti aux prévisions de l'incrédulité. « Espérons, disaient les fidèles, que d'autres la » suivront bientôt, et que, toujours guidés par la douceur, sans » autre propagande que celle d'une conviction que nous sau- » rons attendre, nous ne nous arrêterons pas en si beau che- » min; ce n'est point avec de pareils auxiliaires qu'on peut » craindre de rétrograder (1). »

ÉRECTION D'UN SIÉGE ÉPISCOPAL A ALGER.

Cette espérance des fidèles n'a pas été trompée. Aussitôt que nos possessions en Afrique eurent pris une certaine étendue et une plus grande stabilité, le gouvernement s'empressa de demander au souverain pontife de les ériger en un diocèse dont le siége serait à Alger, et qui serait suffragant de la métropole d'Aix. Cette mesure excita la joie non-seulement des Chrétiens d'Alger, mais elle fut accueillie par les applaudissements du monde catholique. Ecoutons notre S. P. le Pape, Grégoire XVI, exprimer dans cette circonstance les sentiments de l'Eglise universelle : « Par un dessein particulier de la divine bonté, dit-il dans la bulle d'érection de l'évêché d'Alger, il arrive quelquefois que, pour adoucir la douleur dont notre âme est

_____
(1) Moniteur Algérien du 29 décembre 1832.

navrée à l'aspect déplorable de l'état présent de la religion, il s'offre à nous quelque heureuse occasion de nous réjouir dans le Seigneur, au milieu des soins multipliés de notre saint pontificat.... Nous avons goûté ce bonheur, lorsque notre très cher fils en Jésus-Christ, Louis-Philippe, le roi très chrétien des Français, nous a manifesté le pieux et ardent désir de voir, pour l'affermissement, l'honneur et l'accroissement de la religion catholique, ériger dans la province de *Julia Cæsarea*, vulgairement dite Algérie, soumise par les armes victorieuses des Français, un siége épiscopal institué sur le modèle des autres du royaume de France. Ce zèle du roi très chrétien pour l'Eglise catholique nous a fait éprouver une joie bien vive; car outre l'avantage et l'utilité que la religion retirera de l'érection de ce siége épiscopal, nous sentons profondément ce que nous devons en attendre pour le rétablissement si désiré des anciens évêchés d'Afrique. Lorsque nous nous rappelons en effet les églises de Carthage et d'Hippone, l'une illustrée par le sang du martyr Cyprien, l'autre qui a acquis tant de gloire par la sainteté et le savoir d'Augustin; lorsque nous reportons nos souvenirs sur les autres nombreuses églises d'Afrique, honorées par le zèle et la doctrine de leurs évêques, célèbres par la fréquente réunion des conciles, glorifiées enfin par la piété et l'inébranlable fermeté des fidèles qui aimèrent mieux braver la mort que d'abjurer la foi de Jésus-Christ, cette pensée nous réjouit et soutient notre espoir que toute l'Afrique, avec l'aide de Dieu, sera un jour rétablie dans son ancienne gloire et splendeur. Telle doit être notre attente, si nous mesurons notre espérance à d'aussi brillants débuts. »

Suivent les dispositions qui instituent l'évêché et la circonscription du diocèse d'Alger, et qui élèvent au rang d'église cathédrale l'église principale qui sera édifiée dans la ville d'Alger, et qui sera placée sous l'invocation de saint Philippe, apôtre.

M. DUPUCH NOMMÉ ÉVÊQUE D'ALGER.

Mais c'était peu que l'érection d'un siége épiscopal, il fallait placer sur ce siége un homme qui comprît toute l'importance de sa haute mission, qui fût rempli de toute l'intelligence, de tout le zèle, et surtout de toute la charité nécessaire pour l'accomplir dignement; il fallait qu'il sût s'entourer de collaborateurs non moins zélés, non moins intelligents que lui, et capables de le seconder fructueusement au milieu des fatigues de ce nouvel apostolat. Toutes ces conditions se sont heureusement rencontrées dans celui dont le gouvernement, ou plutôt dont la Providence a fait choix. M. Antoine-Adolphe Dupuch, prêtre du diocèse de Bordeaux, a été nommé évêque d'Alger. La religion catholique ne pouvait avoir sur la terre d'Afrique, dans l'ancienne patrie des Cyprien et des Augustin, un représentant plus digne et plus vertueux (1).

Pour se faire une idée des difficultés que présente l'administration d'un diocèse tel que celui d'Alger, il faut d'abord se rappeler que, bien qu'érigé sur le modèle de ceux de France, il n'a avec eux aucune ressemblance. En France, un évêque a pour le seconder un clergé nombreux, avec lequel il peut entretenir des relations presque journalières; des moyens faciles de communication lui permettent de se transporter rapidement dans toutes les localités soumises à sa juridiction. L'Algérie offre une étendue égale aux deux tiers de la France, c'est-à-dire à cinquante ou soixante diocèses de ce royaume. Sans doute une grande partie de cet immense territoire n'est pas occupée par nous; mais les points seuls placés actuellement sous notre domination, et qui doivent être visités par l'évêque, se trouvent à des distances telles qu'il faut quelquefois plusieurs jours d'un voyage pénible par mer pour les franchir. Les voyages dans l'intérieur des terres ne sont, dans un autre genre, ni moins fatiguants, ni moins périlleux. Au commencement de l'année 1840, Mgr l'évêque d'Alger n'avait encore, pour le seconder dans le saint ministère, que neuf prêtres payés par le gouvernement; savoir : trois chanoines, MM. Pelleton, vicaire-général; Dagret, secrétaire, et Monterat, curé de la

(1) Le digne prélat a été remplacé, depuis le 24 mai 1846, par Mgr Pavy.

cathédrale ; les six autres étaient : un vicaire de la cathédrale, un aumônier des hôpitaux, un curé et un vicaire à Oran, et un curé et un vicaire à Bône. Six ou sept autres ecclésiastiques, sans traitement aucun, sont venus offrir leurs services à l'évêque, sans autre espoir que de partager avec lui les fatigues et les fruits de sa mission apostolique. C'était donc avec quinze ou seize ecclésiastiques au plus qu'il fallait porter les consolations de la religion à plus de cent vingt mille catholiques (en y comprenant la population civile et militaire), épars sur un territoire de deux cents lieues de long, visiter les hôpitaux et les prisons, secourir les malades, soulager les pauvres, répandre les bienfaits de la charité chrétienne sur toutes les misères sans distinction de croyance; en un mot, faire bénir la religion du Christ, non-seulement à ceux qui ne la connaissaient pas encore, mais, ce qui est souvent plus difficile, à ceux qui, l'ayant connue, l'avaient en quelque sorte oubliée. Une telle entreprise, avec de si faibles moyens, aurait pu décourager des hommes qui ne se seraient sentis soutenus que par des moyens humains; mais ceux qui étaient appelés à remplir cette noble mission ne comptaient ni sur leurs propres forces, ni sur les secours des hommes : n'avaient-ils pas la même foi, la même religion, le même Dieu que ces douze pauvres pêcheurs qui ont été appelés à conquérir le monde?

ÉTABLISSEMENTS RELIGIEUX EN ALGÉRIE.

Depuis l'établissement d'un évêché à Alger, le culte catholique s'est étendu à peu près partout où nous avons fixé nos drapeaux victorieux. Outre la mosquée dont nous avons parlé, et qui sert en ce moment d'église cathédrale et paroissiale à Alger, on a commencé en 1840, et l'on continue avec activité la construction d'une belle et grande église, destinée à devenir définitivement la cathédrale. Des chapelles particulières ont été établies dans les hôpitaux et dans les prisons. La bénédiction de la chapelle des condamnés militaires a donné lieu à une cérémonie remarquable, le jour de Pâques 1841. Mgr l'évêque d'Alger, qui déjà plusieurs fois avait visité cette prison, a voulu bénir lui-même cette chapelle, que, par un ingénieux et touchant rapprochement, il a placée sous l'invocation de Saint-Pierre-ès-Liens. Les paroles qu'il a adressées dans cette circonstance à ces pauvres prisonniers ont fait sur eux une vive impression, et déjà l'on a pu s'apercevoir qu'elles avaient porté des fruits.

Presque tous les villages du Massif ou du Sahel (banlieue d'Alger) sont maintenant ou seront bientôt pourvus d'églises ou de chapelles catholiques.

Dès le mois de novembre 1840, le maréchal Vallée prit un arrêté pour consacrer au culte catholique la plus belle mosquée de Blidah, connue sous le nom de Djemman-el-Kebir. Le même arrêté portait que le presbytère et les écoles chrétiennes seraient établies dans les annexes de cette mosquée.

Dans les villes qui manquent d'édifices convenables pour être appropriés au culte, on s'occupe de construire des églises; déjà Mgr l'évêque d'Alger a posé les premières pierres des églises de Bône et de Philippeville.

Des sœurs de la charité ont été appelées dans un grand nombre de localités, et partout on a apprécié leur zèle et leur dévouement. Les soins les plus pénibles et les plus assidus sont prodigués par elles aux malheureux, sans distinction de rang, de sexe et de religion. A toutes les heures du jour et de la nuit, on les voit bravant les intempéries des saisons, courir là où il y a des souffrances à soulager, des malheureux à consoler. Les indigènes ont pour ces bonnes religieuses la plus grande confiance. Souvent ils les emmènent dans leurs maisons pour visiter leurs femmes malades; car on sait que nul homme, excepté le mari, n'a le droit de voir une femme musulmane. L'effet moral que la tendre charité de ces saintes sœurs produit sur les Arabes est vraiment prodigieux. On voit se manifester en eux des sentiments de piété, de reconnaissance, d'admiration qu'ils avaient semblé ignorer jusqu'à présent. Surtout ils ne peuvent se lasser de bénir ce Dieu, cette religion qui a inspiré à ces bonnes sœurs de leur faire tant de bien. « Quand les Arabes, dit M. l'abbé Suchet, à qui nous empruntons ces détails, voient ces bonnes religieuses, ils demandent comme une grande faveur la permission de baiser la croix qu'elles portent sur leur poitrine, et les mères disent à leurs petits enfants : « *Baise Sidnaïsa* (Jésus), *il te portera bonheur*. On accable partout les bonnes sœurs de questions sur notre religion. On leur demande aussi comment elles ont pu quitter leur pays, leur famille ; comment elles ont pu renoncer au mariage et aux plaisirs du monde, pour se consacrer avec tant de joie au service des malades et à l'éducation des enfants, et cela pour l'amour de Dieu seul, sans intérêt humain.... Ils en croient à peine tout ce qu'ils voient et tout ce qu'ils entendent. Aussi, quand une sœur entre dans leur maison, c'est une fête pour tous ceux qui l'habitent.. On rassemble tous les esclaves, tous les enfants, toute la famille. Tous jettent des cris de joie ; le mari et la femme la prennent chacun par une main qu'ils baisent avec respect, les enfants lui baisent les bras, et les esclaves le bas de sa robe ; elle est conduite ainsi comme en triomphe dans le plus bel appartement de la maison. On entasse des coussins (car il n'y a pas de chaises chez les Arabes) sur lesquels on la fait asseoir, et là elle reçoit une espèce de culte : on lui sert les mets les plus exquis, on lui offre les essences les plus odorantes. La pauvre religieuse, toute couverte de confusion, refuse tout. Alors l'admiration est à son comble ; on lui dit : *Mais tu es donc Marabotha* (une sainte) (1) ! »

L'ÉGLISE DE CONSTANTINE.

L'importante ville de Constantine, soumise depuis peu à nos armes, n'avait pas encore vu de prêtres catholiques au commencement de 1839. Mgr l'évêque d'Alger désirait ardemment relever cette antique église de Cirtha, cette métropole de la Numidie, si célèbre jadis par la foi de ses nombreux fidèles et la gloire de ses martyrs. Malheureusement le petit nombre de ses collaborateurs suffisaient à peine aux travaux indispensables auxquels ils étaient employés. Il fut obligé d'attendre qu'il lui vînt de France de nouveaux ouvriers,

---

(1) M. l'abbé Suchet, lettres sur l'Algérie.

dévoués à la tâche pénible de défricher cette terre aride et sauvage. Enfin, au mois de février, arriva M. l'abbé Suchet, que Mgr s'empressa d'envoyer à Constantine. Le général baron de Galbois, alors gouverneur de la province de Constantine et de Bône, reçut l'envoyé de l'évêque avec la plus franche cordialité. Il mit à sa disposition la grande et belle mosquée du palais d'Achmet-Bey, pour en faire une église. Le 3 mars, elle fut solennellement inaugurée.

BAPTÊME D'AÏCHA. — RESPECT DES MUSULMANS POUR LA SAINTE VIERGE.

Achmet-Bey, confiant dans l'assurance que lui donnait son lieutenant Ben-Aïssa, que les Français n'entreraient jamais dans Constantine, n'avait fait aucun préparatif de retraite. Ce ne fut que lorsque nos troupes victorieuses, après avoir franchi la brèche, se présentèrent aux portes de son palais, et se disposèrent à les enfoncer, que le bey connut le danger qui le menaçait. Alors seulement il s'occupa de pourvoir à sa sûreté, et prit la fuite, laissant le gouvernement de son palais à sa première femme, nommée Aïcha. Cette femme jeune et belle a été envoyée à Alger, où elle a reçu l'accueil le plus bienveillant et le plus amical des premières dames de cette ville. Dès qu'elle a su parler notre langue, elle a voulu connaître la religion chrétienne, et bientôt elle a témoigné le désir de l'embrasser. Quand elle a été suffisamment instruite, Mgr l'évêque d'Alger a voulu lui administrer lui-même le sacrement de baptême. Cette cérémonie a eu lieu avec une grande solennité, le 15 août 1839, jour de l'Assomption. Aïcha fut placée sous le patronage de la mère de Jésus, et reçut le beau nom de Marie; elle est depuis ce jour une pieuse et fervente chrétienne.

Ce baptême d'une femme musulmane, célébré le jour de la fête de la Vierge, a inspiré à un témoin oculaire de cette cérémonie quelques réflexions sur les opinions religieuses des Musulmans à l'égard de la sainte Vierge.

« La haute destinée de la mère de Jésus et sa sainteté ont

été reconnues, vénérées par les Musulmans, dès le premier temps de l'Islamisme. Le prophète écrivait dans le XIX° chapitre du Koran : « Célébrez Marie, célébrez le jour où elle s'éloigna de sa famille (1). » Les docteurs les plus vénérés de l'Orient ont proclamé la virginité et l'immaculée conception de la mère de Jésus ; ils la regardent comme la mère et la source de toute pureté, « comme une femme juste, sainte, glorieuse. » — L'histoire rapporte qu'un pacha de Mossoul, assiégé dans sa capitale par Thamas Kou-li-Khan, fit vœu de bâtir deux églises à Marie, si Dieu le délivrait de son ennemi. Sa prière fut exaucée, et le Musulman accomplit religieusement son

---

(1) Ce chapitre a pour titre : MARIE. *Que la paix soit avec elle !* En voici quelques passages vraiment remarquables. — Mahomet fait dire à Dieu :

« Célèbre Marie dans le Koran ; célèbre le jour où elle s'éloigne de » sa famille du côté de l'Orient.

» Elle prit en secret un voile pour se couvrir, et nous lui envoyâmes » Gabriel, notre esprit, sous la forme humaine.

» Le Miséricordieux est mon refuge, s'écria Marie : si tu le crains....

» Je suis l'envoyé de ton Dieu, dit l'Ange ; je viens t'annoncer un » fils béni.

» D'où me viendra cet enfant? répondit la Vierge. Nul mortel ne » s'est approché de moi, et le vice m'est inconnu.

» Il en sera ainsi, répliqua l'Ange. La parole du Très-Haut en est le » garant. Ce miracle lui est facile. Ton fils sera le prodige et le bonheur » de l'univers. Tel est l'ordre du ciel.

» Elle conçut, et elle se retira dans un lieu écarté.... »

Voilà donc l'Annonciation et le mystère de l'Incarnation reconnus par Mahomet. Plus loin, il fait dire à Jésus encore enfant : « Je suis » le serviteur de Dieu. Il m'a donné l'Evangile et m'a établi prophète. » Sa bénédiction me suivra partout.... Il a mis dans mon cœur la » piété filiale, et m'a délivré de l'orgueil qu'accompagne la misère.

» La paix me fut donnée au jour de ma naissance. Elle accompagnera » ma mort et ma *résurrection.* »

« Ainsi parla Jésus, le fils de Marie, *sujet des doutes d'un grand* » *nombre.* »

Voilà la Résurrection de Jésus proclamée aussi par Mahomet. Ces paroles de leur prophète ne doivent-elles pas faire naître des doutes aux vrais Musulmans versés dans la connaissance du Koran? Ne doivent-elles pas leur inspirer au moins une grande vénération pour Marie, pour Jésus et pour l'Evangile?

vœu. — Tous les voyageurs qui ont visité Jérusalem ont parlé
de la chapelle de la Vierge, où l'on voit des femmes musulmanes priant à côté des femmes chrétiennes, et des Musulmans
appendant dévotement des lampes d'or. Selon la tradition,
Omar et Saladin seraient venus prier dans cette chapelle. »

Les Arabes de l'Algérie ne prononcent qu'avec respect le
nom de Marie. « Ils ont vraiment, dit M. Suchet, une
tendance particulière à la dévotion envers la sainte Vierge.
Aussi je me suis empressé de faire construire un bel autel à
cette bonne mère.... Tous ces bons Arabes se portent en foule
maintenant à la chapelle de madame Marie, *Lélé Mariem*. Ils
la regardent avec un étonnement mêlé de respect, et la prient
spontanément à leur manière, c'est-à-dire par un mouvement
des mains qu'ils tiennent jointes et ouvertes, la paume tournée
vers le ciel, les élevant et les abaissant sans cesse, et faisant le
même mouvement avec le corps et la tête, en prononçant avec
vivacité et onction des paroles de confiance et d'amour. Puis
ils se tournent avec satisfaction vers nous, et disent en leur
langue, que nous commençons un peu à comprendre : *Madame
Marie, c'est la mère de Dieu; c'est aussi notre mère, puisque
vous nous l'avez dit. Elle est bien bonne, puisque c'est elle qui
vous a inspiré de venir vers nous nous faire tant de bien.*
Ils finissent toujours leurs éloges à Marie par ces mots : *Tous
ensemble, vous et nous, nous aimons beaucoup madame Marie.*

» Les femmes des principaux habitants de la ville (Constantine) nous ont demandé des médailles et de petites statuettes
de la sainte Vierge, qu'elles portent à leur cou comme leur plus
belle parure, et qu'elles baisent avec dévotion trois fois par
jour, en priant cette mère de miséricorde de les éclairer et de
les protéger. »

Ne peut-on pas espérer beaucoup de cette dévotion des
Musulmans, des femmes surtout, à la Vierge ? ne peut-on pas
y voir un germe de rapprochement entre les deux religions ?
une indication lumineuse pour nos missionnaires qui, à
l'exemple de M. l'abbé Suchet, dirigeront leurs efforts vers la
propagation des pensées consolantes, des sentiments si doux
que réveille dans tous les âmes le culte de Marie? Que de

choses grandes et belles se rattachent à cette destinée glorieuse d'une femme ! On trouverait dans la sympathie des femmes un secours contre le fanatisme des hommes ; et qui peut prévoir les améliorations que cette dévotion à une femme introduirait dans la famille musulmane ? Les femmes quitteraient sans peine une religion qui rend leur condition si misérable pour en prendre une qui les élèverait à leurs propres yeux ; et maintenant on sait quelle influence les mères exercent sur les pensées, le langage, les sentiments de leurs enfants.

ÉCHANGE DE PRISONNIERS OBTENU PAR L'ENTREMISE DE L'ÉVÊQUE D'ALGER.

Nous avons vu, au temps de la puissance des Turcs à Alger, les captifs chrétiens consolés et rachetés par les soins et les efforts des ministres de notre sainte religion. Un spectacle semblable s'est renouvelé naguère en Algérie ; mais cette fois des captifs musulmans et chrétiens recouvraient en même temps leur liberté par un échange dû au zèle et à la tendre charité du vénérable évêque d'Alger. Cet événement a eu un grand retentissement en France et parmi les populations arabes; il est malheureux que des circonstances indépendantes de la volonté du prélat ne lui aient pas permis de renouveler ce grand acte de dévouement et de charité.

Dans les premiers mois de l'année 1841, Mgr l'évêque, d'accord avec le gouverneur général, écrivit à Abd-el-Kader pour demander à échanger les prisonniers français qu'il avait entre les mains contre les prisonniers arabes actuellement au pouvoir des Français. Abd-el-Kader accepta les propositions du prélat, et chargea son kalifat (lieutenant) Sidi Mohamed ben-Allah, ex-bey de Milianah, d'indiquer le lieu et le jour où se ferait l'échange. Celui-ci écrivit aussitôt à l'évêque qu'il voulût bien se rendre, le 18 mai, à la ferme de Mouzaïa avec tous les prisonniers arabes ; que, de son côté, lui, Sidi-Mohamed, s'y trouverait avec tous les prisonniers français qu'il avait pu réunir, pour opérer l'échange convenu.

Avant le départ, Monseigneur fit remettre à chaque prison-

nier arabe du pain, deux foulards et un bournous. Ils étaient
au nombre de 130; savoir : 43 hommes, 48 femmes et 39 enfants. Quelques-uns de ces derniers étaient encore à la mamelle,
et Monseigneur avait acheté deux chèvres pour les nourrir, car
depuis longtemps le lait de leurs pauvres mères était tari. Il
avait fait louer douze grandes voitures pour transporter les
femmes et les enfants : les hommes devaient suivre à pied. La
petite caravane, précédée de la voiture de l'évêque, se mit en
route le lundi 17 mai : elle alla coucher le soir à Bouffarik, à
sept lieues d'Alger.

Un incident imprévu faillit rompre l'échange au moment où
tout le monde le croyait sur le point de s'accomplir. La colonne
commandée par le général Baraguay-d'Hilliers s'était emparée,
ce jour même, de la ferme de Mouzaïa. Le kalifat, voyant le
lieu qu'il avait désigné pour son entrevue avec le prélat envahi
par l'armée française, se crut trahi, et rétrograda avec tous ses
prisonniers français. Mgr l'évêque d'Alger, instruit de cet
événement, voulut à tout prix renouer les négociations. Il envoya auprès du kalifat M. l'abbé Suchet, accompagné de MM.
Berbruger, de Franclieu et Toustain, interprète, pour entrer
en explication avec lui. Ce ne fut pas sans difficulté que les
députés de l'évêque parvinrent à régler les nouvelles conditions
de l'échange, et à s'entendre sur le temps et le lieu où il serait
effectué. Enfin il fut convenu que l'échange se ferait près de
Bouffarik, mais hors de la portée du camp; que l'évêque s'y
rendrait sans escorte militaire ; que pendant l'entrevue aucun
soldat français ne paraîtrait sur les fossés ou à l'entour du camp;
que l'on préviendrait le commandant supérieur de Blidah de ne
faire aucune démonstration militaire, s'il apercevait des cavaliers arabes dans la plaine ; que M. l'abbé Suchet et ses trois
compagnons resteraient en otage jusqu'après l'échange, lequel
se ferait le lendemain 19, à midi, et qu'enfin le kalifat con-
duirait lui-même les prisonniers français au lieu désigné, sans
escorte.

Cette fois les choses se passèrent comme elles avaient été
réglées. Cependant les quatre otages français, restés au pouvoir
des Arabes après le départ du kalifat et des prisonniers français,

eurent un instant de crainte bien fondée. Ecoutons le récit de M. l'abbé Suchet. « Déjà nos prisonniers sont loin de nous ; ils s'approchent du lieu où la main d'un père, d'un évêque, doit briser leurs fers. Pour nous, entourés d'une troupe innombrable de farouches Arabes, nous craignîmes un moment de devenir leur proie. C'était lorsqu'ils entendirent le canon français qui mitraillait les leurs au col de Mouzaïa, dont nous n'étions pas éloignés. Ils tressaillirent alors sur leurs chevaux, et lancèrent sur nous des regards d'indignation. Et nous, descendus à terre, nous attendions, tranquilles et calmes, l'issue des événements. Je m'agenouillai pour prier, puis je récitai mon bréviaire ; tous me regardaient avec respect. »

Cette inquiétude ne dura pas longtemps : bientôt un cavalier arabe, envoyé par le kalifat, vint chercher M. l'abbé Suchet, pour le charger d'aller prendre les prisonniers arabes, qui étaient tous restés à Bouffarik, et de les amener le plus promptement possible sur le lieu où depuis quelque temps l'évêque et le kalifat étaient en conférence. M. Suchet s'empressa d'accomplir cette mission, et bientôt il arriva avec les prisonniers arabes à l'endroit désigné. Laissons-le raconter lui-même les scènes si touchantes qui vont suivre.

« .... Je fais défiler les prisonniers arabes devant le kalifat qui était toujours dans la voiture de Monseigneur, et qui m'avait fait signe de les faire passer derrière. Là se tenaient des Arabes qui étaient venus avec des chevaux, des ânes et des mulets pour emmener leurs femmes et leurs enfants. En un instant les voitures sont vides, un spectacle déchirant et consolant s'offrit alors à nos yeux. Des maris, des pères, des frères, ivres de joie, se précipitent et reçoivent dans leurs bras leurs femmes, leurs enfants, leurs frères, leurs amis ; mais à ces accents de joie et de bonheur se mêlent des gémissements, des sanglots, des cris de désespoir ; c'étaient des veuves et des orphelins qui, dans cette foule où chacun se presse pour reconnaître, pour embrasser les siens, ne retrouvaient pas leurs maris ni leurs pères.... Elles apprennent alors qu'ils étaient morts dans le combat.... Elles étaient parties si joyeuses pourtant dans l'espérance de les revoir ! Les unes se roulaient dans la poussière, les autres se déchiraient le visage avec leurs ongles, toutes demandaient à mourir, tandis que leurs enfants poussaient des espèces de hurlements en embrassant leurs mères.... Je m'arrachai à cette scène si attendrissante pour être témoin d'un autre spectacle rempli de bien douces émotions : c'étaient nos chers captifs français qui montaient dans les voitures que les captives arabes venaient de quitter. Le kalifat, descendu de la voiture de Monseigneur, avait pressé une dernière fois la main du prélat ; il veut aussi presser la mienne ; et nous nous séparons en faisant des vœux pour notre bonheur commun. Il s'élance sur son coursier fougueux qu'il fait caracoler devant nous ; une nuée d'Arabes qui s'étaient tenus cachés tout près pendant l'échange, paraît aussitôt et l'entoure ; d'un signe de sa main il les dirige vers l'Ouest et marche à leur tête vers leurs montagnes ; et nous, avec nos chers prisonniers, nous tournons vers l'Est, vers nos camps français. Dans ce moment, il sembla que nous respirions tous plus librement...... Ce fut un moment de silence joyeux et solennel........

» La voiture de Monseigneur ouvrait la marche ; elle était précédée de M. Massot, chef des captifs, de MM. Berbrugger, de Franclieu et Toustain, qui avaient été chargés la veille avec moi de négocier cet heureux échange. Il ne manquait, pour compléter cet heureux cortège, que l'excellent abbé Gstalter, secrétaire de l'évêché, qui avait été chargé de faire les premières ouvertures des négociations de cet échange.... Il se couvrait de gloire en ce moment-là même, en portant les secours de la religion, au milieu des balles des Arabes, à nos soldats qui combattaient sous les murs de Mascara. Après eux venaient M. de Berthier, commissaire civil de Bouffarik, M. Le Boucher, digne supérieur du petit séminaire d'Alger, M. Questel, pro-secrétaire de l'évêché. M. Dogret, vicaire-général, était dans la voiture de Monseigneur, et moi je suivais à cheval à la tête de nos chers captifs, dont quelques-uns, qui n'avaient pu trouver place dans les voitures, les précédaient à pied.

Ceux-ci entonnèrent aussitôt une chanson sur leur délivrance ; le refrain de ce chant de liberté, répété par tous avec une espèce d'enthousiasme, était : *Nous ne sommes plus prisonniers !*...... Le nom de Monseigneur, leur courageux libérateur, n'était point oublié, comme vous le pensez bien...... Il y avait un couplet d'adieux adressé à quarante-trois de leurs compagnons d'exil, qui étaient morts de maladie, ou plutôt de chagrin, à Tékédempt ; ils les avaient enterrés tous dans le même champ.... C'est là qu'ils allèrent tous, la veille de leur départ, répandre leurs larmes et leurs prières, et adresser à leurs compagnons d'infortune leurs derniers adieux. Ce chant des captifs à peine délivrés, et encore sur la terre ennemie, fit couler de nos yeux de bien douces larmes.

» Maintenant comment vous parler de notre entrée à Bouffarik, de notre marche jusqu'à Alger? C'était le triomphe après la victoire, ou plutôt une suite d'émotions qui auraient fini par nous rendre malades, si elles eussent duré plus longtemps.... Toute la population civile de Bouffarik, tous les militaires du camp, officiers et soldats, franchissaient pêle-mêle les fossés et se précipitaient aux barrières, ou se jetaient dans les bras des uns des autres en pleurant; tous bénissaient notre sainte religion, qui, dans la personne de son saint apôtre, venait de briser les fers des captifs. Quel doux triomphe pour le cœur de notre bon évêque! Comme il était alors dédommagé de toutes les peines, de toutes les sollicitudes, de toutes les angoisses que lui avaient causées cette sainte entreprise!....

».... C'était la veille de l'Ascension. Le lendemain, à sept heures, Monseigneur célébra la messe d'action de grâces; tous les heureux captifs délivrés la veille s'y rendirent avec empressement. C'était le glorieux anniversaire de la délivrance, par Jésus-Christ, des âmes justes qui avaient vécu avant sa venue. Un enfant de douze ans, le jeune Pelletier, prisonnier depuis vingt mois, ex-enfant de chœur de Dély-Ibraïm, servait cette messe, ayant encore entre les mains son livre de prières qui ne l'avait pas quitté pendant sa captivité; sa tête rasée, son teint basané, ses babouches arabes trahissaient le jeune captif, sous la blanche tunique dont il était revêtu. Monseigneur, avec cette chaleur d'âme que les circonstances rendaient, s'il est possible, plus ardente, adressa des paroles brûlantes à son auditoire attendri; les sentiments de joie et de reconnaissance débordaient tous les cœurs.... Monseigneur entonna le *Te Deum* pour rendre de solennelles actions de grâces à *Dieu seul*, qui avait conduit cette œuvre si difficile à cette fin si admirable; ce *Te Deum* fut suivi d'un *De profundis* pour les quarante-trois prisonniers dont les cendres reposent sous les murs de Tékédempt, sans qu'aucune croix les protége, et *sous la garde de Dieu seul*, comme le chantaient leurs compagnons d'infortune.

» Après cette messe, nous nous mîmes en route pour Alger, ou plutôt nous continuâmes notre marche triomphale.... Nous approchons de Dély-Ibraïm, joli village à une lieue et demie d'Alger; c'est là que le gouvernement a fait bâtir la première église pour le culte catholique. Là nous fûmes témoins d'un spectacle qui bouleversa délicieusement nos âmes... Une jeune mère, c'était la mère du jeune Pelletier, haletante, couverte de poussière et de sueur, accourait au-devant de nous, les bras étendus, demandant son fils. Elle entraînait après elle toute la population du village : déjà elle a atteint la voiture de Monseigneur, elle ne peut lui parler, elle lui saisit convulsivement la main qu'elle embrasse. Tout le convoi s'arrête spontanément; l'avant-garde se replie et suit la jeune femme; son enfant l'a vue de loin, il est à terre qui court à la rencontre de sa mère...., ils sont dans les bras l'un de l'autre.... Un instant la mère douta de son bonheur..., elle ne pouvait croire qu'elle pressait contre son cœur un fils tant pleuré, si longtemps attendu; le costume arabe qu'il portait, comme tous les autres prisonniers, avait sans doute contribué à cette erreur; ou plutôt c'est que le cœur a peine à croire à un grand bonheur qu'il n'espérait plus.... On fit monter en voiture la mère et l'enfant; leurs bras étaient restés enlacés, la mère n'avait pu consentir à se séparer de son enfant, même pour un instant. Il est impossible de peindre l'impression que produisit sur le cœur de tous les témoins cette scène si attendrissante. Un des farouches Arabes qui nous accompagnaient, *Kouider-ben-Chaban*, entraîné par ce qu'il voyait, s'écria : « Enfant ! » ô enfant! c'est bien ta mère (*ia ouled! ia ouled! emmak! emmak*)! » et de grosses larmes roulaient dans ses yeux.... (1). »

L'espace nous manque pour retracer toutes les scènes saisissantes qui se succédèrent depuis le moment de la délivrance des prisonniers jusqu'à Alger; ici une jeune femme, reconnaissant son mari qu'elle croyait mort depuis longtemps, se jetait à corps perdu dans la voiture et tombait évanouie dans ses bras; là une autre jeune femme cherchait aussi en pleurant son mari; on la renvoyait de voiture en voiture; enfin, à la dernière, une voix émue lui répond : « Mort à Tékédempt. » Et la jeune veuve tomba comme frappée de la foudre sur la poussière du chemin.

Mais au milieu de ces scènes attendrissantes si nombreuses, si variées, un sentiment semble dominer tous les autres : c'est la reconnaissance envers le saint évêque. Les noms de sauveur, de bienfaiteur, de saint Vincent de Paul, que lui donnent les prisonniers, sont répétés par leurs parents, par leurs amis, et par la foule accourue à ce touchant spectacle.

Quelques jours après, le 30 mai, jour de la Pentecôte, deux Hadjoutes ramenèrent encore neuf prisonniers qui n'avaient pu être rendus avec les autres à cause de leur éloignement. Ils étaient suivis de vingt chèvres avec leurs petits chevreaux, envoyés par le kalifat. Les deux Hadjoutes étaient porteurs d'une lettre pour l'évêque, dont nous citerons les passages suivants :

« *Louanges, honneur à Dieu seul : Prières à Jésus-Christ, notre Seigneur, l'esprit, l'âme de Dieu!*

» Sidi-Mohammed-bey-Allah-Kalifas, que Dieu le protége. Amen !

» Au serviteur de Dieu, au serviteur de Jésus-Christ, l'évêque Antoine, notre bien-aimé, que Dieu le conserve, que la volonté de Dieu soit sur lui.... »

(1) Lettres édifiantes et curieuses sur l'Algérie, par M. l'abbé Suchet.

Le kalifat annonce qu'Abd-el-Kader délivrera tous les autres prisonniers qu'il a encore, à condition qu'on remettra en liberté ceux des siens qui se trouvent encore détenus à Alger. Puis il termine sa lettre ainsi : « Je t'envoie vingt chèvres avec leurs petits qui tettent encore » leur mamelle pendante. Avec elles tu pourra nourrir les petits enfants que tu as adoptés et qui n'ont plus de mère. Daigne excuser » ce présent, car il est bien petit. »

On savait en effet qu'il restait encore des prisonniers français au pouvoir d'Abd-el-Kader, mais on en ignorait le nombre, lorsque, le 6 juin, arriva le bulletin de la prise de Mascara par l'armée française; ce bulletin contenait les noms de cinquante-six prisonniers français, qu'on avait trouvés inscrits sur les murs d'un fort de la ville. En tête de ces noms, écrits par les prisonniers eux-mêmes, était une croix, et au-dessous ces mots : *Nous ne savons pas où nous allons... A la garde de Dieu!*

Cette nouvelle détermina l'évêque à envoyer M. l'abbé Suchet auprès d'Abd-el-Kader, pour réclamer la liberté de ces prisonniers. C'était quelque chose d'assez hasardeux, et qui n'était pas sans danger, que d'entreprendre un voyage aussi long, à travers des populations hostiles, et au moment même où elles étaient exaspérées par la guerre terrible que leur faisaient les Français. Et d'ailleurs comment trouver Abd-el-Kader, qui n'avait aucune résidence fixe, tantôt fuyant devant nos colonnes jusque sur les limites du désert, tantôt, par de longs détours, revenant sur ses pas, et paraissant tout-à-coup où il était le moins attendu. Mais aucune de ces considérations n'était capable, je ne dis pas d'arrêter, mais de faire la moindre impression sur un prêtre aussi rempli de zèle, de dévouement et de courage que M. l'abbé Suchet. Il partit avec joie, et accomplit sa mission avec tous le succès désirable. Il faut lire le récit intéressant qu'il a fait de ce voyage extraordinaire dans les lettres que nous avons déjà citées; nous ne pourrions que l'affaiblir en essayant de l'abréger ou de l'analyser.

TRANSLATION DES RELIQUES DE SAINT AUGUSTIN.

Il nous reste à parler d'un des plus beaux spectacles que la religion ait offerts sur cette terre d'Afrique, si longtemps privée de la lampe des cérémonies chrétiennes. La translation des reliques de saint Augustin est un événement trop important pour l'Algérie, et même pour la religion, pour que nous ne la rapportions pas avec quelques détails.

Nous avons vu comment les reliques de saint Augustin avaient été transportées en Sardaigne, et de là à Pavie, où elles étaient précieusement conservées depuis le roi Luitprand. Le nouvel évêque d'Hippone, le successeur immédiat d'Augustin (1), forma le projet, dès son arrivée en Afrique, de rendre à leur patrie les précieux restes du saint docteur; il voulut associer à son pieux dessein l'épiscopat français, et bientôt un monument fut élevé, aux frais des évêques de France, dans le lieu même que, suivant la tradition, fut la sépulture d'Augustin, et l'église de Pavie consentit à céder une partie des reliques qu'elle possède pour consacrer ce monument.

Aussitôt Mgr Dupuch, évêque d'Alger, accompagné de six évêques, députés de l'épiscopat français, se rendit à Pavie, où il reçut solennellement, et avec toutes les formalités requises pour en constater l'identité, le bras droit du corps de saint Augustin. Les prélats qui accompagnaient Mgr l'évêque d'Alger étaient MMgrs Donnet, archevêque de Bordeaux; de Monyer de

(1) Saint Augustin avait désigné pour son successeur un prêtre nommé Eradius, mais il ne devait être élevé à l'épiscopat qu'après sa mort. — On ignore ce qui se passa alors, et l'auteur de l'*Africa christiana* pense que jamais Eradius n'a exercé les fonctions épis copales à Hippone, puisque, après la mort de saint Augustin, cette ville fut brûlée, et tous ses habitants dispersés. — Six cents ans après, le pape Grégoire VII envoya en Afrique un évêque à qui il donna le titre d'archevêque d'Hippone, mais il ne paraît pas qu'il ait jamais résidé dans le pays. Trois cents ans après, le nom d'évêque d'Hippone reparaît encore, mais il n'est plus donné qu'à titre honorifique, et comme *évêché in partibus*. Ainsi M. Dupuch est bien réellement le successeur immédiat de saint Augustin.

Prilly, évêque de Châlons; Sibour, évêque de Digne; de Mazenod, évêque de Marseille; Chatrousse, évêque de Valence; Dufêtre, évêque de Nevers.

De Pavie, les évêques prirent la route de Toulon, où ils devaient s'embarquer pour l'Afrique. Ecoutons l'un d'eux (Mgr l'archevêque de Bordeaux) raconter les détails de leur embarquement et de leur arrivée à Bône.

« C'est le 25 octobre 1842, à dix heures du matin, que les reliques du saint évêque d'Hippone étaient transportées processionnellement de l'ancienne cathédrale de Toulon sur le vaisseau qui devait les conduire au terme bienheureux de notre pélerinage. Le bruit de toutes les cloches et de l'artillerie des forts et de la rade se mêlait aux sons d'une musique guerrière et aux chants sacrés de l'église. Une immense population se pressait sur notre passage et arrivait jusqu'au port. Pour se faire une idée de l'enthousiasme qui animait tous les cœurs, il faut connaître tout ce qu'il y a d'énergie dans ces âmes méridionales, dont la piété sait se traduire en tant de manifestations extérieures.

» Deux canots élégamment décorés nous attendaient et nous ont conduits rapidement à bord du *Gassendi*, beau navire royal, sur lequel se sont embarqués avec nous MMgrs les évêques de Châlons, de Marseille, d'Alger, de Valence, de Digne et de Nevers. Les ecclésiastiques qui nous accompagnaient, ainsi que plusieurs grands-vicaires, députés par leurs évêques, montaient en même temps sur le *Ténare*.

» Notre traversée a été des plus heureuses. Le 27, nous suivions les côtes de Sardaigne. Nous étions partis avec l'intention de débarquer à Cagliari, où les précieuses reliques avaient été conservées pendant deux cents ans; mais la crainte de ne pouvoir arriver à Bône le jour annoncé nous ayant fait abandonner ce projet, nous nous sommes contentés, après un office solennel, célébré sur le pont du navire, de bénir l'île toute entière avec la châsse du saint....

» Le 28, de grand matin, nous étions dans la rade de Bône. A la vue de notre navire, et au signal donné par l'artillerie de la Kasbah, une foule considérable de Turcs, de Maures, d'Arabes et d'Européens se précipite sur le rivage. Nous nous dirigeons vers le môle, après avoir décrit un long circuit, formant avec les canots et les chaloupes de notre équipage une longue file qui s'avançait lentement, en ordre de procession, au chant des psaumes et au bruit de l'artillerie, des cloches et des tambours. Un grand nombre d'hommes et d'enfants s'étaient avancés jusque dans la mer pour mieux jouir de cet imposan spectacle. C'était sur les collines de l'Edough, comme dans la plaine de la Boudjima, un mouvement, une vie extraordinaire; jamais l'Afrique, depuis les jours d'Augustin, n'avait en effet rien vu de semblable. Les évêques, dans la dernière chaloupe, et revêtus de leurs ornements, fermaient la marche. Nous débarquâmes sur le port, où nous attendaient les autorités civiles et militaires avec toute la garnison. »

On avait élevé sur le port un arc de triomphe en verdure, portant pour inscription : *A Augustin, son Hippone chérie.* Au moment où les évêques arrivèrent sous cet arc de triomphe, M. Pepin, maire de Bône, prononça le discours suivant, que nous reproduisons en entier, parce qu'il renferme des sentiments éminemment chrétiens.

« MONSEIGNEUR,

» C'était déjà pour Bône une position heureuse et qu'elle appréciait, » que d'avoir en face d'elle, dans sa banlieue, de renfermer bientôt » dans ses faubourgs, les deux collines auxquelles se rattachent des » souvenirs si pieux et si grandioses....! ,

» C'était déjà pour Bône chrétienne, pour Bône française, une » magnifique espérance que celle d'être appelée à renouer la chaîne » des temps dans la double histoire de l'Eglise de Jésus et de la » civilisation des peuples, aux lieux mêmes où la religion catholique » et l'esprit humain furent glorifiés avec tant d'éclat et de retentis- » sement....!

» Aujourd'hui ce ne sont plus seulement les deux collines de la » royale cité que possédera Bône, ce ne sont plus seulement des » souvenirs, des empreintes, c'est l'homme même qui les a rendus à » jamais célèbres ; ce ne sera pas seulement un buste, matière plus » ou moins précieuse, d'une ressemblance plus ou moins frappante, » ce sera le corps même ou partie du corps de ce prince de l'Eglise, » si grand devant les hommes, si grand devant Dieu....!

» Aujourd'hui enfin, voir refleurir sur ce continent la civilisation, » avec elle la religion du Christ, qui est la religion du progrès, et » devenir, après la capitale, le plus lumineux foyer d'élaboration de » ce dernier et grand œuvre de notre conquête, tout cela n'est plus » seulement pour Bône, à cette heure, une espérance magnifique, » c'est une de ces certitudes que l'intelligence et le cœur peuvent » saisir avec autant de confiance que de joie et de légitime orgueil, à » la vue de cette solennité et de cette châsse....; car le bras que ren- » ferme cette châsse semble être venu pour bénir nos bannières et » assurer à nos armes tous les trophées de la victoire, semble n'être » restitué aux lieux où il fit des choses immortelles que pour y opérer » de nouveaux prodiges, pour commander aux sources fécondantes de » la foi religieuse et de la science humaine de jaillir de nouveau

» sur cette terre altérée , et de lui rendre sa beauté et sa richesse
» première.

» A vous, Monseigneur, si digne, par tant de mérites, de succéder à
» celui qui sur terre fut illustre parmi les illustres, et qui dans le
» ciel est saint parmi les saints ; à vous, Monseigneur, qui , sous la
» protection encourageante de notre gouvernement , et le concours
» empressé des grands dignitaires de l'Eglise, nous apportez un tel
» gage d'avenir ; à vous, Monseigneur , les sentiments respectueux de
» haute admiration et de reconnaissance profonde de la ville, chérie de
» vous , dont je m'honore d'être ici le représentant et l'organe. »

A ces paroles si dignes , si pleines de nobles sentiments , Mgr
l'évêque d'Alger répond en remerciant le maire , et avec lui
toutes les autorités, de l'empressement et du zèle qu'elles ont
mis à contribuer au triomphe d'Augustin ; il unit ses vœux à
ceux qui lui sont exprimés, pour que de ce jour fortuné date
une ère nouvelle de bénédiction pour l'Afrique chrétienne , et
pour la ville de Bône en particulier.

M. l'abbé Suchet , grand-vicaire d'Alger et archidiacre
d'Hippone , s'avance ensuite , et s'exprime en ces termes :

« MONSEIGNEUR ,

» De même que Simon, souverain pontife et chef du peuple de Dieu,
» alla chercher les ossements de son frère Jonathas (1), à qui il avait
» succédé, pour les rapporter dans la cité de ses aïeux , ainsi vous ,
» Monseigneur, le frère et le successeur du grand Augustin, vous
» êtes allé , bravant les fatigues de longs et périlleux voyages, cher-
» cher sur une terre hospitalière ses reliques sacrées, pour les
» rapporter en triomphe dans sa chère Hippone, si longtemps veuve
» désolée de son bien-aimé pasteur.

» Depuis que nos armes ont conquis cet héritage, qui est devenu le
» vôtre , il vous a semblé entendre du haut du ciel la voix d'Augustin,
» comme autrefois , après que Bélisaire eut reconquis l'Afrique sur les
» farouches Vandales, l'évêque Létus entendit à Carthage celle de
» Cyprien , qui criait vers Dieu : *Terram tuam tuis redde, redde meis*
» *ossa mea.* Et voilà que, exécuteur ardent des volontés du Très-Haut,
» vous avez ramené à la suite de nos armées victorieuses, sur cette
» antique terre chrétienne , les enfants de Dieu , ses légitimes héritiers,

(1) M. l'abbé Suchet avait pris pour texte ces paroles de l'Ecriture :
*Simon accepit ossa Jonathas fratris sui, et sepelivit ea in media
civitate fratrum ejus.*

» et vous rendez aujourd'hui à ces heureux enfants les ossements de
» leurs pères.

» Prélat fortuné ! Soyez béni de cette double mission, que vous
» accomplissez d'une manière si admirable.

» Salut, ossements sacrés! tressaillez d'allégresse en revenant sur
» cette terre si longtemps désolée, depuis qu'on vous enleva à son
» amour, et maintenant si heureuse de vous revoir !

» Que l'empressement, la foi, les hommages, les transports de ce
» nouveau peuple venu de loin pour vous décerner ce juste triomphe,
» vous dédommage de l'ingratitude, de l'oubli de vos enfants mal-
» heureusement dégénérés ! Car, hélas ! ce ne sont pas là les enfants
» de ce peuple, le vôtre, que vous avez tant aimé. Une bête cruelle
» les a dévorés. *Intende*, voyez, voyez votre Hippone chérie, la
» reconnaissez-vous? Comme une autre Rachel, assise sur des ruines
» et des tombeaux, elle appelle en vain ses fils depuis plus de qua-
» torze siècles, et elle ne veut recevoir aucune consolation, parce
» qu'ils ne sont plus ! Que sont devenus ces chrétiens fervents qui la
» remplissaient? Où sont ces vierges fidèles, accueillies par vos soins,
» et qui suivaient partout l'agneau sans tache? Ces prêtres zélés, ces
» saints pontifes vos amis, comme vous la gloire de leur siècle? Ces
» temples magnifiques où retentissaient nuit et jour les louanges du
» Seigneur? Hélas! les pierres de ses sanctuaires sont dispersées à
» l'entrée de tous les chemins; ses rues désertes pleurent de ce qu'il
» n'est personne qui vienne à ses solennités saintes. *Intende*, voyez :
» partout la désolation et la mort....

» *Prosperè procede*, approchez, venez mettre fin à sa douleur im-
» mense comme la mer. Nouvel Elisée, que la présence de vos restes
» précieux rende la vie à tant de morts. Faites sortir de la poussière
» cette antique église d'Afrique, autrefois la mère de tant de saints,
» de tant de glorieux martyrs. Venez réparer tant de maux, relever
» tant de ruines!... *Prosperè procede, et regna;* venez prendre une
» nouvelle possession de votre illustre siège. Venez rétablir votre
» empire là où jusqu'à présent on ne vous avait pas même laissé le droit
» d'un tombeau !

» Que ce bras puissant devant lequel nous nous prosternons nous
» soutienne et nous dirige. Que cette main s'élève pour nous bénir. »

Après avoir rendu un juste hommage d'amour et de reconnaissance au successeur d'Augustin, qui lui a préparé ce beau
triomphe; aux représentants de l'épiscopat français, qui ont
voulu s'y associer et y jeter tant d'éclat par leur présence; à
l'église de Pavie, qui a voulu s'unir à celle d'Alger en parta-
geant avec elle le trésor qu'elle possédait, l'orateur chrétien
termine ainsi :

« Et nous, habitants de la *Nouvelle-Hippone*, félicitons-nous de
» devenir les heureux gardiens de ce dépôt insigne. Le monde catholi-
» que envie notre bonheur, rendons-nous en dignes. Nous n'irons
» plus maintenant nous prosterner sur des ruines muettes, devant un
» tombeau vide, mais devant les dépouilles sacrées du divin Augustin.

» Là il nous semblera le voir, l'entendre, lui parler; là nous
» l'invoquerons avec plus de confiance, avec plus de ferveur; là,
» près de lui, notre cœur se sentira embrasé des flammes qui dévo-
» raient le sien.

» Puissent bientôt les peuples accourir en foule pour offrir avec
» nous leurs hommages et leurs vœux à ces reliques chéries et
» vénérées! Puissent les prodiges de grâce que notre illustre Augustin
» opérait pendant sa vie se renouveler à son tombeau! Et que ce
» tombeau devienne à jamais glorieux dans la suite des siècles!.... »

Après ces paroles, qui excitèrent une vive émotion dans
toute l'assemblée, la procession se mit en marche dans l'ordre
suivant :

En tête s'avançaient les enfants, précédés d'une bannière sur
laquelle était brodée une croix avec cette inscription : *In hoc
signo vinces.* Venaient ensuite les jeunes filles, vêtues de blanc,
rangées sous l'étendard de la sainte Vierge; les dames de la
ville; douze sœurs de la doctrine chrétienne de Nancy, arrivées
rovidentiellement ce jour même à la suite d'Augustin; la
musique militaire; la statue de bronze de saint Augustin,
portée par six marins du *Gassendi*, qui avaient brigué cet
honneur; elle était suivie d'un nombreux clergé accouru de
toutes les parties de la France, pour assister à cette admirable
solennité. A la suite du clergé marchaient les sept prélats,
revêtus de leurs habits pontificaux, et précédant immédiatement les reliques. Elles étaient placées dans une châsse de
cristal et d'argent, portée sur un brancard orné de draperies,
par MM. Montial, prédicateur, et Banvoy, curé de Bône. Un
riche dais de velours cramoisi, don magnifique du roi à la
cathédrale d'Alger, était porté par six notables de la ville. Les
cordons étaient tenus par M. le colonel de la légion étrangère,
représentant l'armée; M. le maire, représentant la ville; M. le
procureur du roi, représentant la magistrature; M. de Saint-
Léon, commandant de la milice africaine; M. le consul de
Rome, représentant le corps des consuls; M. le capitaine

commandant du port, représentant la marine. Derrière le dais marchait un groupe composé de toutes les autorités civiles et militaires de Bône, ayant à leur tête M. le général Randon et M. le président du tribunal.

Au son des cloches, au bruit des tambours, à l'harmonie de la musique militaire, se mêlait le chant grave et majestueux de l'église. Plusieurs arcs de triomphe avaient été élevés sur le passage du cortége, toutes les maisons étaient tendues et les rues jonchées de feuillages. Un autel à la fois simple et majestueux avait été élevé au milieu de la grande place. C'est là que les précieuses reliques furent déposées. Les évêques et les autorités se placèrent en face. De rière l'autel, et comme à l'ombre d'Augustin, on voyait une députation de Musulmans ayant le cadi à leur tête; les troupes françaises et la milice africaine encadraient ce magnifique tableau, et plus loin, sur la place, aux fenêtres, une foule curieuse de voir, avide d'entendre, se tenait penchée et attentive, pour ne rien perdre de ce grand spectacle.

Aussitôt, au milieu du plus profond recueillement, commence le sacrifice de la messe, célébré pontificalement par Mgr l'évêque d'Alger. Ce prélat s'adressa ensuite à la foule qui l'environnait. Dans une chaleureuse improvisation, il dit tout le bonheur dont son âme était remplie à la vue d'un tel spectacle. Puis, retraçant à grands traits le tableau du siége d'Hippone par les Vandales, il peignit l'effroi dont cette grande ville était remplie, en entendant retentir sur ces montagnes les cris des barbares appelés par la vengeance de Dieu. Au milieu de tant de calamités, il montra saint Augustin expirant en priant pour son peuple. « Sans doute, ajouta-t-il, Dieu, pour le con- » soler à son heure dernière, lui fit entrevoir dans le lointain » cet heureux jour qui devait ramener en triomphe dans son » Hippone chérie ses restes vénérés. » Puis, plaçant la main sur » la châsse sacrée, il s'est écrié : « *Jungamus dextras*, joi- » gnons nos mains, ô vous que je ne sais de quel nom appeler ! » Si je vous nomme mon père, ah ! vous l'êtes certainement, » je tremble d'usurper ce grand nom de votre fils ; si je vous » nomme mon frère, je rougis d'être aussi peu digne d'un telle

» faveur; si je vous nomme mon prédécesseur et mon ami,
» vous l'êtes, il est vrai; mais qui suis-je pour succéder à
» Augustin? Joignons donc nos mains, ô vous qui êtes mon
» père, mon frère, mon prédécesseur et mon ami! Joignons
» nos mains pour bénir cette nouvelle Hippone qui vous reçoit
» avec tant de joie; pour bénir ce peuple que vous n'avez pas
» connu, mais qui veut devenir votre peuple; pour bénir ces
» guerriers qui nous entourent, et au courage desquels nous
» devons ce triomphe d'aujourd'hui; pour bénir ceux qui sont
» nos frères aussi, quoique séparés de nous par une foi étran-
» gère; pour bénir enfin ces lieux, cette terre que vos yeux
» contemplèrent jadis, ces montagnes qui retentirent tant de
» fois des accents de votre voix éloquente. »

« Comment rendre, dit Mgr l'archevêque de Bordeaux, après
avoir cité ces paroles, comment exprimer par une lettre morte
les émotions produites par cette parole qu'on eût cru être celle
d'Augustin lui-même! Tous subissaient une indéfinissable impression, tous croyaient voir passer sous leurs yeux les specta-
les imposants des solennités qui avaient eu lieu à Pavie, à Verceil,
à Novare, à Turin, à Fréjus et à Toulon. Saint Augustin sortant du tombeau après quatorze siècles; son bras encore levé
pour bénir cette Afrique si belle, si prospère, quand elle reposait à l'ombre de sa houlette pastorale, et que la mort ou l'exil
de ses pontifes avait livrée à la Barbarie; le retour de celui
qui fut sa gloire, sa lumière et sa force; ses restes précieux
déjà en possesion du faubourg de son Hippone, comme un gage
de civilisation et de paix; les espérances de l'Eglise, le bel avenir de notre colonie, tous ces tableaux se déroulaient avec un
charme indicible; ce n'était pas seulement de l'émotion, c'était
du bonheur. »

Après la messe, les évêques montèrent l'un après l'autre
sur l'autel pour vénérer les ossements précieux d'Augustin;
puis Mgr l'évêque d'Alger, les prenant dans ses mains, les
montra au peuple, et le bénit solennellement.

La procession se mit en marche en chantant le *Te Deum*,
et vint à l'église où les reliques furent placées pour y être exposées à la vénération des fidèles; le soir, une illumination brillante témoignait de la joie universelle.

Le 29, Mgr l'évêque de Digne, à la suite d'une messe pontificale, distribuait la divine eucharistie et administrait la confirmation à un grand nombre d'Européens de tous les âges, préparés depuis plusieurs semaines par les exercices d'une retraite. L'occasion était belle, et elle fut saisie avec bonheur par le digne prélat, pour payer, au nom de sa propre Eglise, le tribut de sa reconnaissance à cette terre d'Afrique, à qui une partie de la Provence est redevable du bienfait de la foi ; car saint Vincent et saint Donnat d'Hippone furent les premiers apôtres des villes de Digne, Glandèves, Sisteron et Castellane.

Le reste de la journée fut consacré par les prélats à la visite des hôpitaux, à l'installation des sœurs de la doctrine chrétienne arrivées la veille, et à une longue course au milieu des tribus arabes de la contrée. « Partout, dit Mgr de Bordeaux, nous reçûmes un accueil bienveillant et respectueux. Les chefs vinrent à notre rencontre, chacun sur les confins de sa tribu, et à la tête de nombreux cavaliers. Des paroles tout amicales furent échangées à l'aide de truchements : « Ce sont des amis qui » viennent vous voir, leur dit le vénérable évêque de Châlons, » des pasteurs qui voudraient devenir vos pères dans la foi, et qui » vous apportent l'expression de leurs vœux pour vous et pour vos » familles. Les bénédictions du ciel, qu'ils demandent pour vos » tribus, sont plus précieuses que l'or et les pierreries. Notre » grand Dieu, qui sait aussi se faire petit pour les plus petits » enfants, habitera, si vous le voulez, sous la tente des Ara- » bes du désert comme dans le palais des rois. » Tout annonçait chez ces hommes simples le plaisir que nos paroles leur firent éprouver. Du lait nous fut offert dans des vases de bois, selon l'antique usage. Nous vîmes sous ces pauvres tentes les animaux mêlés à la famille. Un enfant qui était né la veille reposait dans une écorce de liége. On avait par honneur étendu sur le sol quelques tapis de poil de chameau. Mais quelque chose manquait à ce que cet accueil avait de rassurant et d'aimable. « Ah ! nous disions-nous, si ces infortunés, héritiers des mœurs et de la vie des patriarches, en avaient conservé la foi, comme nous ils seraient chrétiens ! Hélas ! ils sont encore si loin du royaume de Dieu ! Cette pensée était affligeante. Espérons que le Dieu d'Augustin abaissera sur eux un regard de miséricorde et d'amour, et que le retour du saint évêque achèvera ce qu'ont si dignement commencé les continuateurs de son ministère. »

La grande cérémonie devait avoir lieu le dimanche 30. Ce jour-là les reliques de saint Augustin devaient être transférées pompeusement à Hippone, qui est à une demi-lieue de Bône, et placées dans le monument élevé sur cette bienheureuse colline par le concours unanime des évêques de France.

Dès l'aurore, le son des cloches annonça à la ville que le jour du triomphe était venu. Le soleil brillait radieux dans un ciel d'azur. Ses rayons n'étaient point voilés par les épais brouillards qui, à cette époque, cachent ordinairement sa présence dans notre France; ils s'épanouissaient avec tout l'éclat, toute la chaleur d'un jour d'été.

Une foule nombreuse, composée de personnes de tout âge et de tout rang, se réunit dans l'église trop étroite pour la contenir et autour de ses murailles. A huit heures et demi, la procession se mit en marche dans le même ordre que la première fois; seulement la statue d'Augustin avait été transportée la veille à Hippone. Mais à sa place une élégante cassette, contenant les œuvres complètes d'Augustin, était portée sur un brancard (1). Une branche d'olivier, chargée de ses fruits mûrs, ombrageait ce trésor, symbole ingénieux de la douceur et de l'abondance des écrits de l'évêque d'Hippone.

C'était un magnifique spectacle que cette procession, précédée de la musique, escortée par les troupes de la garnison, suivie d'un nombreux état-major, des deux généraux commandant la province de Bône, des autorités administratives et judiciaires, parmi lesquelles figuraient plusieurs scheiks arabes; elle s'avançait lentement sur les bords de la Bou-Djemma, en faisant retentir les collines de l'Edough du chant de joie *In exitu Israël,* qui rappelait si bien l'exil et le retour miraculeux des saintes reliques d'Augustin.

Différentes stations avaient été ménagées sous des arcs de

_____

(1) C'était un don des frères Gaume, libraires à Paris, éditeurs des œuvres de saint Augustin.

triomphe dressés de distance en distance : l'un avait été élevé
au passage de la Seybouse, un autre au pont de la Bou-Djemma, près des ruines désolées de l'ancienne basilique de la paix,
où les restes bénis d'Augustin durent tressaillir à la pensée
des assemblées vénérables de ces conciles, dont il fut toujours
la lumière et la gloire. « Quels souvenirs, s'écrie le pieux
» archevêque de Bordeaux, quelles figures nous apparaissent
» dans le lointain des âges! Figures antiques, mais toujours
» présentes, parce que la religion rapproche de nous et rajeu-
» nit ceux qu'elle entoure de son auréole éternelle. »

Arrivée à mi-coteau, la procession s'est rangée en amphithéâtre sur la colline, autour du monument qui a été solennellement inauguré, et sur lequel a été placée en triomphe la
statue du saint docteur. Ce monument, fort simple, consiste en
un socle circulaire de trente mètres de pourtour, sur lequel
s'élève un autre socle environné d'une haute barrière de fer.
Au centre de cette enceinte, pavée de marbre blanc, est placé
un autel, aussi de marbre, surmonté de la statue de bronze
d'Augustin. De là la vue s'arrête à gauche sur les hautes collines de l'Edough, sur la plaine marécageuse qui s'étend en
demi-cercle à ses pieds; elle suit jusqu'à la mer la Bou-
Djemma endormie entre ses rives sablonneuses; puis, dans un
horizon rapproché, on aperçoit Bône et ses maisons blanches,
les vaisseaux au mouillage, et plus loin encore la mer et les
cieux. En face se déroule cette plaine si verte où, depuis
quatorze siècles, la vieille Hippone dort d'un sommeil de mort...
au-delà de cet espace, en s'avançant avec lenteur vers la mer
qui la reçoit dans son sein, la Seybouse, dont les eaux saumâ-
tres ne portent plus que de légers vaisseaux. Enfin, sur la
droite, après avoir parcouru les plaines où une végétation
luxuriante invite le colon à la culture, le regard va s'arrêter au
loin sur les montagnes bleues qui bordent le golfe de Bône.

Sur l'esplanade qui entoure le monument, sur le mamelon
disposé en gradins, à l'ombre de ces oliviers séculaires dont les
branchent plient tristement sous le poids de fruits qu'aucune
main ne vient cueillir, se groupaient, s'entassaient en ce moment mille et mille personnes, qu'une sainte curiosité avait

attirées dans ce lieu. Rien ne saurait peindre le spectacle magi-
que offert par cette multitude aux costumes divers, apparaissant
au milieu des myrtes, des lauriers-roses, des cactus, des
oliviers, des aloès. Ici brillent les uniformes et les armes des
troupes de ligne et de la milice. Là ce sont les marins des deux
bâtiments qui ont transporté les reliques de Toulon à Bône.
Puis se pressent, confondus ensemble, des Français, des Maltais, des Italiens, des Espagnols, auxquels sont venus se joindre, revêtus de leurs costumes si variés et si pittoresques, les
Maures et les Arabes, qui, eux aussi, veulent unir leurs hommages à ceux des Chrétiens, pour augmenter le triomphe du
grand *Roumi*, dont le souvenir est célèbre parmi eux, et qu'ils
honorent d'une sorte de culte (1).

Mgr l'archevêque de Bordeaux bénit l'autel sur lequel étaient
déposées les saintes reliques, et célébra ensuite les saints mystères, comme il le dit lui-même, « dans ce temple immense
qui avait pour voûte un ciel étincelant, pour colonnes les arbres
toujours verts de la montagne. » Mais ce qu'il ne dit pas, ce que
sa modestie nous force d'aller chercher dans d'autres récits,
c'est l'impression profonde, c'est l'enthousiasme qu'il excita,
quand, avec un accent plein de chaleur et d'entraînement, sa
voix apostolique fit entendre à la foule qui l'entourait un discours remarquable par l'élévation des idées, la force du rai-
sonnement, et ce charme que sa bouche sait si bien donner à
l'éloquence sacrée. Dans ce discours, que nous ne pouvons
malheureusement pas reproduire, le vénérable prélat s'est attaché à montrer la religion comme éminemment civilisatrice.
Pour prouver cette proposition, il a jeté un regard sur ce
qu'étaient Hippone et l'Afrique avant l'irruption des Barbares,
ce qu'est devenu ce pays depuis que la religion a fui ses bords.
« Et maintenant, ajoute-t-il, si la civilisation doit encore

_____

(1) Tous les mercredis, les indigènes Musulmans vont sur les ruines
d'Hippone pour déposer des fleurs et brûler de l'encens en l'honneur
du grand *Roumi* ou Chrétien. Souvent, disent-ils, il leur apparaît
avec sa grande tunique blanche ; ils le prient avec ferveur, et le regardent comme le protecteur de leurs biens et de leurs familles.

» refleurir dans ces lieux, si l'Arabe doit apprendre un jour à
» cultiver cette terre qu'il foule aujourd'hui d'un pied stupide,
» ce seront des religieux qui le lui apprendront, ce seront des
» Trappistes.... (1). » Mais à défaut de cette brillante allocu-
tion, nous pouvons du moins reproduire ce qu'il a écrit ailleurs
sur le même sujet. En rendant compte à ses diocésains de cette
touchante cérémonie, le prélat s'écrie : « Oh! sans doute alors
le ciel était ouvert, et du trône de leur gloire, les Cyprien,
les Fortunat, les Eugène, les Fulgence bénissaient avec nous.
Il nous semblait voir la croix de Jésus-Christ enveloppant de
nouveau cette terre d'Afrique comme un tourbillon de lumière,
l'arrachant à son antique barbarie, la transformant à d'autres
idées et à d'autres mœurs, sous l'inspiration de vérité et d'a-
mour, en lui assurant la conservation de ce bienfait par le retour de celui qui fut si longtemps et sa force et sa gloire.... »

Plus loin il ajoute : « Et, quoi qu'on dise, quoi qu'on fasse,
l'observation rigide des doctrines évangéliques répand autour
d'elle une bonne et douce influence que rien ne saurait
remplacer. Le jour où les Arabes ont acquis la conviction que
la France avait un Dieu, une religion, un sacerdoce, on les a
vus changer à notre égard; à la peur s'est mêlée la confiance.
Déjà prévenus en faveur des hommes qui ont soin des âmes
et de ceux qui ont soin des corps, puisque le *Marabout* et le
Tibibs, pour emprunter ici leur langage, ont toujours été
l'objet de leur vénération, ils nous laisseront jeter parmi eux
des semences de vérité et d'amour qui donneront des fruits
abondants de civilisation et de paix. Nos bienfaits leur feront
aimer nos croyances. Par notre charité nous les amènerons à
notre foi. On l'a dit avant nous : Ce sont les idées qui seules
peuvent nous amener les populations, qui peuvent seules nous
les attacher; car ce sont les idées qui nous résistent; or des
idées ne se détruisent que par des idées nouvelles et supérieures.

» Ce fut donc une sage et noble pensée de placer à côté du
drapeau qui gagne la bataille la croix qui civilise et qui

_____

(1) L'orateur sacré faisait allusion à l'établissement des Trappistes
qui a été formé à Staouli, et dont nous parlerons tout à l'heure.

protége : la croix! pour faire comprendre aux vaincus que le bruit et les dévastations de la guerre ne sont pas le seul but d'une conquête : la croix ! pour cicatriser toutes les plaies , pour prêcher toutes les vertus, pour ramener tous les cœurs. La croix ! c'est la voix douce et persuasive de la conquête évangélique ; c'est la conservation, c'est le salut de notre colonie.

« La translation des reliques de saint Augustin n'est pas seulement une magnifique page dans l'histoire de l'Eglise ; c'est un événement d'une haute et rassurante portée. Si la première pensée en est due à l'Eglise , l'armée, l'administration, la magistrature, se sont associées avec une grâce parfaite et une générosité toute française aux grandes cérémonies qui ont eu lieu à ce sujet. Un vaisseau de l'Etat a reporté en grande pompe, sur la terre d'Afrique , le grand évêque d'Hippone. Sa dépouille sacrée , à laquelle nous venons d'assurer un tombeau, y restera comme un éternel monument et de notre bravoure et de notre gloire....

» Quelle belle mission pour la France de la rendre aujourd'hui à la civilisation chrétienne, cette terre qui en fut un des *théâtres les plus glorieux*, et où se rencontrèrent tant de fois les grands peuples de l'Orient et de l'Occident.

» Les hommes ont pu n'y voir d'abord que la guerre et une conquête ; mais on veut bien y voir aujourd'hui quelque chose de plus conforme aux grandes destinées des nations. En Afrique, comme partout , les hommes s'agitent ou veulent se reposer; mais c'est Dieu qui les tient sous sa main et qui les mène à l'accomplissement des décrets que sa providence a portés. Toute personnalité s'efface dans ce grand mouvement des idées et des choses, et personne, excepté Dieu, ne peut dire : Voilà ce que j'ai fait , et voilà ce que je veux faire. »

Nous n'ajouterons rien à ces nobles paroles , dans la crainte de les affaiblir ; nous nous contenterons d'exprimer un vœu. Puissent-elles être entendues de tous ceux qui , par leur position, en France ou en Algérie , peuvent exercer quelque influence sur l'avenir de notre colonie !

LE JOUR DE LA TOUSSAINT A ALGER. — VISITE DES ÉVÊQUES A BLIDAH. — CONSÉCRATION DE NOUVELLES ÉGLISES. — NOUVEAUX ÉTABLISSEMENTS RELIGIEUX SUR DIVERS POINTS DE L'ALGÉRIE. — INAUGURATION DE L'ÉGLISE DE MÉDÉAH.

Les évêques, en descendant de la colline d'Hippone, montèrent dans les embarcations qui les attendaient sur les bords de la Seybouse, pour les conduire aux navires qui les avaient amenés. Ils arrivèrent à Alger le 1er novembre 1842, jour de la Toussaint. Nous continuons le récit de Mgr de Bordeaux. « Notre entrée solennelle dans l'antique mosquée, convertie en cathédrale, produisit une impression de bonheur et de respect. C'était un imposant spectacle que celui d'un autel entouré de sept évêques revêtus de leurs ornements pontificaux, et offrant l'auguste victime là où, pendant quatorze siècles, le sacrifice avait cessé. En exceptant la basilique de Saint-Pierre de Rome, où se trouvait peut-être en personne le chef auguste de la chrétienté, rien de si grand, de si solennel, de si touchant, ne pouvait avoir lieu dans aucune des églises du monde catholique.

» Le 4 novembre, nous étions à quinze lieues d'Alger, traversant, au pied de l'Atlas, une forêt d'orangers, et nous entrions dans Blidah, où Mgr l'évêque de Marseille consacrait, pour le culte catholique, une des plus belles mosquées de l'Algérie. Les jours précédents ; nous avions visité les hôpitaux du Dey, la Salpétrière, la Kasbah, l'église Delli-Ibrahim, et les trois pauvres chapelles de Mustapha, de Douera, de Bouffarik, et béni la première pierre de l'église Saint-Eugène à Drariah. La même cérémonie devait avoir lieu pour les églises que l'on construit dans les villages naissants de Laxon, Cuba et Saint-Ferdinand. »

Nous avons vu que douze sœurs de la doctrine chrétienne de Nancy étaient arrivées à Bône en même temps que les reliques de saint Augustin, et que cinq de ces sœurs avaient été installées dans cette ville; quatre de leurs compagnes ont été envoyées à Philippeville, et trois à Bougie. A la même époque, des frères de Saint-Jean-de-Dieu étaient mis en possession d'un hospice à la Calle ; vingt et une sœurs de Saint-Vincent-de Paul s'embarquaient à Marseille et venaient prendre à Alger la direction d'une maison de charité qui renfermera un asile pour les plus petits enfants, un ouvroir pour les pauvres orphelins, et une salle de pansements en faveur des indigènes comme des Européens. Les dames du Sacré-Cœur se disposaient en même temps à ouvrir un pensionnat sur le fertile et riant coteau de Mustapha. Il est facile de prévoir l'influence que de pareils établissements exerceront sur l'avenir de notre colonie, et les avantages que peuvent s'en promettre et la religion et le gouvernement.

Enfin une colonie de Trappistes vient d'être établie à Staouëli, dans ce lieu déjà illustré par nos victoires, et qui doit acquérir bientôt un nouveau genre de célébrité par les travaux et la piété de ses nouveaux habitants. En appliquant de tels hommes à la culture des champs en Afrique, le gouvernement semble avoir compris cette pensée du vénérable archevêque de Bordeaux, que toute civilisation véritable ne peut se compléter que par la religion.

Nous terminerons ce que nous avons à dire sur les progrès du christianisme en Algérie, par le récit de l'inauguration de l'église de Médéah, le 5 février 1843.

Le duc d'Aumale, commandant de Médéah, persuadé aussi qu'il fallait faire quelque chose de plus que du courage pour civiliser les Arabes, a décidé que la jolie mosquée d'Ahmar serait transformée en église catholique, sous le vocable de Saint-Henri, son patron. L'inauguration a eu lieu avec toute la pompe que permettait la localité. En voici le récit fait par un témoin oculaire.

« Les troupes étaient sous les armes, fixées sur deux rangs ; les sapeurs se tenaient debout aux quatre coins de l'autel ; la musique du 33° de ligne exécutait des symphonies religieuses. Dix heures sonnent, les tambours battent aux champs. M. le duc d'Aumale, suivi d'un nombreux et brillant état-major, arrive. M. l'abbé Roudil, curé de Médéah, après lui avoir offert l'eau bénite, le conduit à sa place. La messe commence au milieu du recueillement le plus profond. Après la lecture de l'Evangile, le prêtre adresse la parole au prince ; voici quelques passages de son discours :

« MONSEIGNEUR,

» Il est heureux ce jour, trois fois heureux ! il est heureux pour
» cette ville, heureux pour cette province, heureux pour la colonie !
» En vous arrachant aux délices de la patrie, aux charmes de la
» famille, pour venir partager nos fatigues et nos périls, braver le
» plomb des Arabes et l'intempérie des saisons, vous avez montré
» que *désormais l'Afrique est française*, qu'une ère de prospérité et
» de gloire va enfin se lever sur ce malheureux pays....

».... Après avoir repoussé notre ennemi jusqu'au fond de ses solitu-
» des, sur le sommet de ses montagnes escarpées, vous venez,
» Monseigneur, remercier le Dieu des batailles dans le temple que nous
» devons à votre gracieuse bonté, et qui est étonné d'être chrétien....

» Dans un siècle de dissolution et de ruines, où tout est mis en
» doute, la justice et la vérité, les lois et les mœurs, où l'on ne
» reconnaît d'autre dieu que l'or et l'argent, où la matière brute et
» inintelligente est substituée à l'esprit qui pense et qui aime, il est
» surtout du devoir des rois et des enfants des rois de témoigner de
» leur zèle et de leur respect pour la sainte religion de nos pères.
» Nous avons montré aux Arabes que nous leur sommes supérieurs
» par la force des armes, montrons-leur que nous sommes plus
» religieux. Nous avons renversé assez de villes et de hameaux, brûlé
» assez de moissons ; nous avons fait couler assez de larmes, répandu
» assez de sang. Remplaçons la gloire qui tue et le feu qui consume
» par la croix et la charrue qui sauvent ; relevons les ruines, ensemen-
» çons les champs. Que l'Afrique devienne encore une fois le grenier
» de la Rome nouvelle....

» Vous le savez, Monseigneur, c'est le christianisme qui a enrichi
» l'Europe, le christianisme qui a fait notre nation grande entre toutes
» les nations, et votre maison illustre entre toutes les maisons.

» Ce que le christianisme a fait pour l'Europe, surtout pour notre
» belle France, ce qu'il a fait partout où il a planté son glorieux
» *labarum*, pourquoi ne le ferait-il pas en Afrique et pour l'Afrique?
» Est-ce qu'en traversant les siècles il aurait perdu de sa vigueur?
» Non. Immortel comme Dieu dont il est l'ouvrage, il peut encore et
» toujours opérer des prodiges.

» Roi des Français, vous ne serez pas trompé dans vos espérances !
» Vous avez envoyé un évêque et des prêtres, vous venez d'envoyer
» des Trappistes pour civiliser cette terre que nos armes victorieuses
» ont conquise, et sur laquelle vos fils ont combattu. Cette terre sera
» civilisée. Encore un peu de temps, et des villes puissantes sortiront
» de leur poussière, et de riches moissons doreront les campagnes,

» et l'Arabe farouche, devenu doux comme un petit enfant, assis à
» l'ombre de son figuier et de sa vigne, bénira le prince magnanime
» qui lui aura procuré ce précieux repos.... »

Puissent ces vœux du curé de Médéah recevoir leur
accomplissement dans un avenir peu éloigné ! Malheureusement
de grands obstacles restent encore à surmonter. « Ce pays, dit
» M. l'abbé Suchet (et c'est par cette pensée, qui résume tout
» ce que nous avons dit précédemment, que nous terminerons
» ce livre), ce pays, qu'on ne connaît nullement en France,
» déconcertera longtemps encore nos rêveurs politiques, et
» tous les philanthropes qui voudront suivre, pour la civilisation
» et le bonheur de l'Algérie, une autre marche que celle de
» Jésus-Christ et de ses apôtres. »

FIN.

Isle. — Imp. Ardant frères.

www.ingramcontent.com/pod-product-compliance
Lightning Source LLC
Chambersburg PA
CBHW070411090426
42733CB00009B/1619